겨우 존재하는
아름다운 것들

은재야,
무엇보다
지금을 사는 식물처럼 싱그럽고
그림책처럼 행복한
어른이 되어라.

겨우 존재하는 아름다운 것들

제닌 식물 에세이

식물과 책에 기대어
아무도 알아주지 않는 마음을 어루만지다

에르츠나인

프롤로그

길을 걷다가 허리를 굽혀
너나없이 피어난
꽃마리의 하늘색, 쇠별꽃의 하양,
현호색의 보라, 양지꽃의 노랑에
눈길을 포개고,

그 사이 어슬렁어슬렁 걸어 나와
꼬리로 다리를 쓰윽 휘감는 길고양이 앵두에게
준비한 사료 한 줌 뿌듯하게 건네는,

베란다 작은 식물들과 눈을 맞추며
어서 새잎 하나만 틔워달라는
간절함으로
쪼로록쪼로록
물을 뿌리고

방울방울 맺히는 물방울이 좋아
그걸 또
하염없이 바라보고,

나무를 안아보고,
울퉁불퉁 둥치에 돋아난
연초록 새순을 바라보고,
나무에 깃들인 둥지를 염탐하고,
나무 우듬지에 앉은 직박구리에게 귀 기울이고,

그러다
바람에 흔들리는 잎들의 초록 물결에
아득해지는,

마음 밭에 물을 뿌리고,
소박한 꽃밭을 만들고,
나뭇잎 살랑거리는 숲을 들이고,
이야기꽃을 피우는,

책을 읽고,
책 이야기를 나누고,
누군가에게
책을 건네는,

모두 다
마음을 어루만지고
마음 밭을 가꾸는 일.

무엇보다
시간과 돈이 안 드는,
잠깐
마음의 여유를 내면 될 일.

머리말

책 모임에서 떠난 1박 2일 모꼬지에서 한 후배가 말했다.

"나도 제님 언니처럼 한들한들 도서관 다니고 그림책 보며 여유롭게 살고 싶어."

뜻밖이었다. '사람들에게 내가 그리 보였구나.' 나는 할 말을 잃고 그저 빙그레 웃었다. 그 당시 나는 불행의 늪에서 허우적대고 있었으니까. 나의 속내를 얘기하자면 1박 2일이 아니라 며칠 밤으로도 모자랄 테니까.

아이와 그림책으로 더없이 행복한 시절을 보내고 아이가 초등학교에 들어갔다. 그즈음부터 나는 내내 불행하기 시작했다. 더 정확히는 생각 속에서 온통 불행했다. 육아를 핑계로 잠깐 미뤄두었던 나의 꿈은 어찌해볼 도리 없이 멀리 달아나 있었고, 동시에 엄습하듯 찾아온 공허와 불안은 얄팍한 자존감마저 추락시켰다. 하루하루 열심히 성실하게 살면 지나온 시간만큼 가정 경제도 나아져 있으리라 기대했는데, 인생이라는 게 수학 공식처럼 흘러가지 않는다는 걸 깨닫게 된 것도 하필 그즈음이었다. 게다가 중년의 나이에 와 있었다.

철없던 이십 대 시절, 중년의 아주머니를 보며 저 나이는 무슨 재미로 인생을 살까 생각하며 값싼 동정의 눈빛을 보냈던 바로 그 나이에 당도한 것이다. 그림책으로 인연을 맺은 동네 언니가 저렴한 가격에 스페인 여행을 떠나자고 했을 때도 떠날 수 없는 나는 무척 불행했다. 별것도 아닌 일에 불행하던 시절이었다. 별것도 아닌 무수한 일이 왕따의 이유가 되는 것처럼, 불행의 이유는 도처에 널려 있었다. 바닷가의 고운 모래알보다도, 여름날의 무성한 나뭇잎보다도 더 많이.

 불행하다는 생각에 자기비하나 열등감, 자기연민 같은 것들이 옳다구나 하고 들러붙어 나는 점점 더 깊은 우울의 우물 속으로 파고들었다. 스스로를 갉아먹는 시간이 얼마쯤 흘렀을까. 더는 파고 들어갈 수 없는 가장 밑바닥에서 마지막 감정을 만났을 때 피할 도리 없이 최악의 시나리오를 구성했다. 감정의 막다른 골목에서 살아남기 위한, 살고자 하는 삶의 마지막 심리적 저항선이었다. 그러고는 최악의 시나리오를 '나의 믿는 구석'으로 삼아 매일매일 딱 하루치의 삶에 충실했다.

 오랫동안 해온 일이라 습관처럼 몸에 붙은 읽고 쓰는 삶과 느린 산책, 식물 돌봄이 시든 마음을 천천히 일으켜 세웠다. 남들 보기에는 한들한들 여유로운 삶으로 보였으리라. 이런 한들한들한 삶 사이에 치열한 삶의 현장에서 최하위 비정규직 단기 아르바이트도 했다. 인생이라는 게 수학 공식처럼 흘러가지 않는다는 걸 깨달은 지 오래건만, 도리없이 또 부지런히 성실한 삶을 살고 있었다. 하지만 막연히 장밋빛 행복을 기대했던 성실함과는 확연한 차이가 있었다. 삶의 밑바닥까지 내려갔다가 다지고 올라온 사람에게 주어지는 삶에 대한 단단한 시선이라고 해야 할까. 그럼에도 밤이면 속절없이 찾아오는 무력감과 우울감에 물벼락 같은 울음으로 베갯잇을 푹푹 적시곤 했다. 그러고는 아침이면 또 한들한들 충실한 삶으로, 때론 현장에서의 치열한 삶으로 미래를 꿈꾸지 않는 하루치의 삶을 살았다. 단순하게 하루하루 삶에 충실하다 보니 최악의 시나리오는 시나브로 나에게서 멀어져갔다. 마음이 극도로 힘들어진 아이들이 심리적으로 비밀친구에 의지하다 마음이 회복되면 스르륵 떠나는 비밀친구처럼. 한동안은 가뭇없이 사라지기도 했다가 가끔씩 아주 가끔씩만 나타나기도 했다. 그 횟수가 점점 줄어들면서 나도 모르게 마음이 천천히 회복되고 있었다.

아이들의 비밀친구처럼 내 가슴속에 비밀스레 품은 최악의 시나리오 위에서 간당간당 위태롭게 네 권의 책이 나왔다. 그리고 지금 다섯 번째 책을 앞두고 있다. 앞서 나온 네 권의 책과는 결이 다른, 나의 속내를 많이 드러낸 일상 이야기를 담고 있다.

네 번째 책 『그림책의 책』 북토크에서 어떤 독자분이 앞으로의 계획에 대해 물었을 때 이렇게 대답했다.

"에세이 출간이 예정되어 있는데 책에 기대지 않는 일상 이야기가 될 거예요."

그런데 원고를 다 정리하고 보니 크게 세 가지 열쇳말이 삼각형으로 중심축을 이루고 있었다.

책, 식물, 인연을 맺은 사람들.

오랫동안 책에 기대어 온 사람에게서 책이 빠진 일상이란 불가능한 일이라는 걸 원고를 정리하면서 알았다. 오롯이 책과 식물에 기대어 온 삶이었다. 더 소중한 건 책이나 혹은 식물, 그리고 어떤 이유로든 나와 연결된, 우연인 듯 필연인 듯 운명 같은 사람들이 있었기에 버팀이 가능한 삶이었다. 사실 버티기만 한 삶이 아니었다는 걸 이번 책을 통해서 깨닫게 되었다. 심리적 저항선인 최악의 시나리오가 점점 흐릿해져 갈수록 삶의 중요한 한 조각 진실을 알았다고나 할까? 행복은 저 멀리서 오는 게 아니라 발견하는 것이라는 것. 나의 일상 곳곳에 행복이 널려 있었다.

걸핏하면 낯선 동네의 골목길을 기웃거리고, 울퉁불퉁 옹이에 피어난 벚꽃 한 송이에 아유 예쁘다며 마음으로 쓰다듬어 주고, 멸종 위기에 처한 구상나무를 우리 동네에서 발견하고는 가끔 찾아가 안부를 물어봐 주고, 아침마다 베란다 식물들에게 귀 기울이며 말걸기를 시도하고, 새끼고양이 셋을 데리고 위험

천만한 차도를 건너는 고양이 가족이 무사히 건널 때까지 지켜봐 주고, 문득 가던 길 멈추고 커다란 나무를 안아보며 나무의 지나온 세월을 헤아려 보고, 가을 어느 날은 여름날에 봐둔 진분홍 접시꽃의 꽃씨를 받으러 가고, 산책길에 만난 캣맘에게 우리 동네 길고양이들 소식을 한 바가지 전해 듣느라 해지는 줄 모르고, 나뭇잎에 따라 떨어지는 빗소리가 어떻게 다른지 예민하게 느끼고, 그림자도 짙어지고 마음도 깊어지는 오후 네 시의 풍경에 머무르며 나를 잃어도 보고, 아침마다 똑같은 나무 똑같은 우듬지에 앉아 고운 목소리로 공기를 가르는 새의 간절한 울음소리를 해독해 보려 애쓰고, 비 오는 날 나의 계수나무를 보겠다고 소나기처럼 숲으로 내달리고, 가슴을 두드리는 문장에 흠뻑 기뻐하고, 책으로 연결된 사람을 우연 같은 필연이라며 소중히 여기고….

어느새 나는 마흔의 터널을 지나 나이 오십에 이르러 삶을 가꾸는 사람으로 살고 있었다. 마음의 손바닥을 불행에서 행복 쪽으로 뒤집으면 되는 아주 간단한 일이었다.

나이 오십에 삶을 가꾼다는 것은 쓸모없이 겨우 존재하는 아름다운 것들에 마음을 내어주는 일이다. 도무지 말이 되지 못하는 침묵의 소리에 가만히 귀 기울이는 일이다. 다정한 관찰자가 되어 잘 보이지 않는 것들에게 따뜻한 눈길을 포개는 일이다. 깊고 따뜻하고 가능한 한 작은 이야기를 기어이 글로 남기는 일이며, 나를 조금 더 나은 사람으로 만드는 일에 집중하는 일이다.

    이번 책에는 쏟아지는 밤하늘의 별처럼 반짝이고 있는 행복 씨앗을 발견해 내는 이야기를 담았다.
    식물과 책과 사람들에 기대어 더 생기있게 짙어진 초록 이야기가 될 것이다. 경제적인 불안이 기본값인 일상에서 읽고 쓰는 삶을 지켜내기 위해 고군분투한 이야기이며, 삶의 재미라곤 없을 것 같은 오십이라는 나이에도 이토록 삶을 아름답게 가꿀 수 있을까 싶은 이야기이기도 하다. 끝날 것 같지 않은 마흔의 길고 긴 터널을 지나서 맞이한 한 줄기 햇살 같은 맛이라 해야 할까? 그러니 살아남는 것을 가장 큰 성공으로 충실한 매일을 살다 보면 환한 오십에 기어이 당도하게 되리라는 한 조각 진실이 흔들리는 마흔들 마음에 가닿기를 간절히 바란다.
    나의 사적인 이야기가 나 혼자만의 일은 아닐 것이므로.

                             귀뚜라미 소리가 그리운 무더운 여름날에 제님.

차례 ||||||||||||

프롤로그   004
머리말   014

1부   반백 년의 고독
나에게 주어진 유일한 지금

창 이야기를 하자   026
창이 있는 부엌으로의 여행   030
엄마라는 말은 도대체   035
시간을 가장 우아하게 잃어버리는 방법   046
속 깊은 친구, 나만의 오솔길   051
자신만의 계절을 걷는 나무들_느티나무와 소사나무   056
내 삶의 마무리도 저러했으면_미국쑥부쟁이   060
죽은 화분에 3년 동안 물을 주다_오죽   062
뒷모습을 보는 일   068
아침을 여는 방식   075
동네 빵집의 사려 깊은 북큐레이션   078
고요를 시청하다_맥문동   083
빨래처럼 시래기를 널었다   086

2부　식물의 위안

초록에 물드는 우연한 마음

20년 친구 나의 작은 숲_옻나무	092
나의 친애하는 나무에게 전하는 말_자작나무와 감나무	095
비 오는 일요일에 행복해지는 법_유칼립투스 폴리안	101
비켜나 있음의 쓸모_찔레꽃	106
애도의 선물로 찾아온 인연_마오리 소포라	110
향기로운 빛깔 모과책방을 꿈꾸다_모과나무	114
쓸모없고 아름다운 채집황홀_매실	118
올해 수확한 첫 나뭇잎 한 장_아기벚나무	122
행복의 이모작_담쟁이덩굴	124
마루에 고웁게 피었다_매화	126
빈 벽의 실세를 모셨다_실새풀	128
나의 비밀 나무_백합나무	131
양화소록 따라 하기_황금조팝나무	135
시든 마음 기댈 곳은_백화등	141
지금은 진분홍 시간이에요_접시꽃	145
오늘 참 예쁜 것을 보았네_사광이아재비	150
믹스 커피식 인연_아그배나무	154

3부 비정규의 시간
뜨겁고 고요한 어떤 것의 중력

어찌나 극적인지 아름답기까지 했다	160
아침을 볼 때마다 당신을 떠올릴 거야	163
사람 사는 거 다 같다고?	167
사실은 나도 도망가고 싶었다	173
사는 게 힘드냐고 니체가 물었다	178
이야기가 필요한 이런 날	185
연근 반찬 어떻게 만들어요?	191
어쩌다 우린 이곳에서 만나게 됐을까	194
한세상 멋지게 살거라	199

4부 독서의 여백
아무도 모르는 오후의 문장

내 울음을 기억하는 나무를 가졌는가?_벚나무	206
서리가 내리면 그 나무를 찾아간다_고욤나무	209
꽃을 묻는 쓸쓸한 어떤 놀이	212
마당의 정서를 거닐다	216
시(詩)다운 사람이 되고 싶다	220
모항은 가보았니?	223
가을 햇볕과 바람이 만든 맛	228
위로와 축하의 말의 허전함을 채우려면	233
상추쌈을 아삭아삭 먹으며	236
오소리네 집 꽃밭에 다녀왔다_층층잔대	240

5부 인연의 무게
외로움이 나란한 우리의 시간

아궁이 앞에서는 모든 게 괜찮았다	246
이 그림책 제목이 뭐야?_벚꽃	251
우리집 남자들이 탐내는 식물_몬스테라	259
레오라면 아끼고 아끼는 식물도 기꺼이_꽃방동사니	264
고양이에게 찾아온 다정한 꽃_민들레	270
마음 무너뜨리기에 충분한 은빛의 선물_마오리 코로키아	272
어수선한 마음 다스리는 꽃씨 여행_꽃씨 프로젝트	278
단풍잎 줍는 할머니의 마음	282
종소리가 듣고 싶은 날	286
에필로그	292

1부 반백년의 고독

나에게 주어진

유일한

지금

마음의 손바닥을 행복 쪽으로 뒤집어
뒤늦게 알아차린 인생의 뒤뜰을 걷고 있다.
뒤뜰 안에는 온통 쓸모없는 작은 것들이
수런거리고 있다.
아늑한 그곳을 걷다 나오면 나는
다정한 얼굴빛으로 물들어 있곤 한다.
유일한 지금을 풍요롭게 살 수 있는 비밀을 알아버렸다.

창 이야기를
하자

내 집은 없지만 나만의 풍경을 품은 부엌 창이 있다.
오늘 표정은 햇살을 가득 머금고
무꽃처럼 방긋 웃고 있다.

눈 내리는 표정도 좋고
비가 내리는 날엔 비가 내려서 좋고
바람이 몰아치는 날이면 바다의 파랑 같은
나무의 출렁거림이 좋다.

감각할 수 있어서 좋다.

창턱에는 단아한 옹기 항아리와 보랏빛 나팔꽃과
다섯 살 딸이 빚은 고양이 도자기와
바닷가에서 주워온 조개껍데기와 돌멩이,
메타세쿼이아 열매로 만든 줄 커튼.
창 너머로는 버드나무, 아그배나무, 벚나무, 메타세쿼이아,
얼마 전에 이사한 건물 옥상 위의 고양이 가족.

저 멀리 자그마한 숲.

내 집이 아니어도
부엌 창이 있는 집이라면 그런대로 괜찮다.

─── 창이 있는
부엌으로의 여행

 1794년에 쓰인 드 메스트르의 『내 방 여행하는 법』은 지금 읽어도 흥미롭다. 아니, 어쩌면 여행과 가장 먼 거리두기를 하고 있는 요즘 훨씬 더 적절해 보인다. 가장 친숙한 공간에서 가장 익숙한 것들로 떠나는, '구경'이 아니라 '발견'의 여행이다. 의자, 침대, 서가, 초상화, 애견 로진….
 드 메스트르를 따라 해 볼까?
 내가 좋아하는 공간, 부엌으로의 여행이다.

 작은 창이 있는 부엌은 내가 많이 좋아하는 공간이다. 식사각형의 자그마한 창이지만, 그 창으로 만나는 세계는 결코 작지 않다.
 하늘 향해 쭉쭉 뻗은 메타세쿼이아가 시원스레 줄지어 서 있고, 그 너머 벚나무 가로수 길은 5월이면 하얗게 불을 밝히고 가을이면 주홍빛으로 물들어간다. 벚나무 너머에는 병풍처럼 야트막한 동산이 둘러서 있는데 봄이면 서서히 번져가는 연초록이었다가 여름이면 짙은 초록 캔버스를 연출한다. 이내 붉은빛 파스텔 가을을 지나 겨울의 빈 숲은 복숭아빛 노을로 맛있게 익어간다.

어느 날은 벚나무 사이에 있던 상가 주택 옥상에 시선이 오래 머물렀다. 옥상에 꼬물꼬물 움직이는 작은 물체들이 포착된 것. 눈을 가늘게 뜨고 유심히 살폈다.

앗! 그 고양이 가족?

얼마 전에 새끼 고양이 셋을 데리고 아슬아슬 도로를 건너 내 애간장을 녹였던 바로 그 '냥이'들이었다.

참 다행이야. 엄마 고양이가 찾은 새로운 보금자리에서 잘 지내고 있구나.

고양이 가족의 동선을 좇아가며 한참을 놀다 시선을 창턱으로 천천히 데려오면 또 하나의 세계가 펼쳐진다.

끈으로 줄줄이 엮어 창에 매달아 둔 메타세쿼이아 열매가 여린 바람에 흔들흔들. 그 줄 사이사이 끼워 둔 말린 나뭇잎과 노랗거나 빨간 가을 열매도 흔들흔들. 엊그제 산책길에 데려온 한 줄기 수수꽃다리 향도 살랑살랑.

계절 따라 조금씩 표정을 달리하는 자연 커튼의 맛이다. 자연 커튼을 배경으로 창턱 위 무대 또한 시시때때로 풍경을 달리한다.

한겨울에는 초록 당근 숲과 무청이 피워 올린 연보랏빛 무꽃이 너울너울 끝도 없이 피고 지고. 봄이면 산책길에 꺾어온 노란 씀바귀꽃이, 가을에는 보랏빛 쑥부쟁이가 두어 송이 물컵에 담기고. 5월 어느 날엔 잘 익은 황금빛 매화 열매 몇 알이 놓이기도 하는데 창가에 달콤한 향이 흥건하다.

가을이면 알록달록 가을 열매들이 앞서거니 뒤서거니 정겹게 오르고, 늦가을에 어김없이 한 자리 차지하는 모과 한 알은 모과향을 은연하게 퍼뜨린다. 모과 옆에는 도서관 옆에서 데려온 산국 한 줄기가 아직 노란 빛깔과 머리를 맑게 하는 진한 산국향을 품고 있다.

부엌에 설 때마다 손은 열심히 일을 하고, 눈과 마음은 온통 창턱 위 자연물과 창밖 풍경에 홀려 있다. 부엌에서 노동하는 내 시간이 좀 순해지는 이유다.

내 집이 아니라도 창이 있는 부엌이라면 마음이 괜찮다고 그런다. 그러니 한사코 창이 있는 부엌이어야 한다.

||||||||||||

내 방 여행하는 법
그자비에 드 메스트르 저, 장석훈 역, 유유

── 엄마라는 말은
도대체

오랫동안 제 마음속 화두는 '엄마'입니다. '엄마'라는 단어가 마음과 머릿속을 둥둥 떠다니고 있습니다. 어떤 계기가 있었느냐고요?

엄마들을 대상으로 하는 그림책 강의를 할 때마다 빠뜨리지 않고 읽어주는 그림책이 있습니다. 바로 『혼나지 않게 해 주세요』와 『고함쟁이 엄마』입니다.

아이의 입장에서, 아이의 눈높이로, 아이의 마음을 들여다보자는 의미였는데 엄마들은 눈물을 흘리기도 하고 몹시도 미안해하고 또 스스로를 자책하기도 합니다. 그런 모습을 보면 또 엄마들이 안쓰럽게 여겨집니다. 준비도 없이 어느 순간 엄마가 되었지만, 그래도 좋은 엄마가 되기 위해 넘치도록 애쓰고 노력하고 있는데 제가 채찍질하는 꼴이 된 것 같아 미안해집니다. 그림책 강의에 나와 앉아 있는 것도 좋은 엄마가 되기 위한 발걸음인데 말이지요. 우리 엄마들도 가끔씩은 누군가의 품에 안겨 위로를 받아야 하는데 말입니다.

대학까지 공부했다 한들 좋은 엄마가 되기 위한 공부는 한 시간도 받아본 적이 없이 우리 모두 덜컥 엄마가 되어버렸습니다. 저 또한 엄마가 되고서야 엄마의 자리가 이리 힘든 줄 뼈저리게 느꼈으니까요.

이렇게 부족한 사람도 엄마라고 전적으로 '나'만 의지하는 한 생명을, 그 천진한 얼굴을 온전한 사람으로 키워낸다는 게 얼마나 벅차고도 힘든 일이던가요. 그렇게도 중요한 일을 아무런 준비 없이 된 철부지 엄마이니 힘이 드는 건 당연할 수밖에요. 그래서 생각했습니다. 여력이 된다면 우리 엄마들을 위한, 엄마들의 마음을 어루만져주는 그림책을 만들어보겠다고요.

이렇게 마음속에 작은 씨앗을 심고 보니 친정엄마가 많이 생각났습니다. '엄마'라는 말을 입에 올리는 순간 참으로 많은 생각과 감정이 넘실댑니다.

어린 시절 유난히 엄마를 껌딱지처럼 졸졸졸 따라다녔던 디라 엄마와 함께했던 일들이 주마등처럼 스칩니다. 바람 부는 날이면 정지(부엌의 사투리) 바라지를 닫고 엄마와 아궁이 앞에 쪼그려 앉아 불을 때던 일이 가장 먼저 떠오릅니다.

작은 아이는 그날 있었던 일을 나불나불 이야기하고 엄마는 연기가 나지 않도록 부지깽이로 공기가 잘 들어가게 나무 사이를 부지런히 이리저리 쏘삭거렸지요. 햇볕 쨍쨍한 날에는 어른 앉은키보다 웃자란 콩밭에 들어가 풀을 맸습니다. 더운 햇빛을 가리느라 땅에 고개를 처박고 풀을 뽑느라 엄마와 서로 얼굴도 보이지 않은 채로 두런두런 얘기 소리만이 오고갑니다. 주로 엄마 얘기를 듣는 순간입니다.

엄마가 베틀에 앉아 베를 짜던 일, 누에를 치던 일, 어린 저를 둘러업고 고개 너머 물고기 팔러 다니던 일 등 힘들었던 시절의 엄마의 삶이 이야기 이랑 사이에 통째로 녹아 있습니다. 그런데도 저는 재미있는 옛이야기마냥 즐겁게 들었습니다. 어렵고 힘들었을 거라고 어렴풋이 짐작은 하지만 실감이 나지 않았던 게지요.

깊은 산골마을에 살았던 덕분에 산에서의 추억도 많습니다. 개울가에 버들강아지 피어나고 봄바람 살랑 불면 술 담글 진달래꽃을 따러 가거나, 도시락 싸서 고사리를 꺾으러 가거나, 갈퀴 들고 겨우내 땔 나무를 하러 산에 오르곤 했지요. 일을 하러 간 것이지만 그곳에는 속닥속닥 이야기가 빠지지 않았습니다. 엄마를 추억할 때 엄마와 다시 한번 해보고 싶은 그리운 풍경들입니다.

요즘 아이들에게 들려주면 무슨 호랑이 담배 피던 시절의 곰

팡내 나는 얘기냐 하겠지요. 놀이공원에 간 것도 아니고 워터파크에 간 것도 아니고 스키장에 간 것도 아닌데 말이에요. 저에게는 어떤 놀이공원보다도 좁디좁은 정지에서, 콩밭에서, 산에서 엄마와 함께한 두런두런 이야기가 갈피갈피 아련한 추억으로 남아있습니다. 아궁이에 불쏘시개를 쑤셔 넣으며 사는 얘기 나불거리고, 솜털 보송보송한 콩밭에 앉아 풀 뽑으며 엄마 살아온 옛이야기 또 듣고 싶습니다. 엄마에게 이런 말씀 드리면 뭐라고 할까요?

'내가 살아온 야그를 허자면 아조 징글징글허제.'

아마 손사래를 치면서도 2박 3일이 모자라도록 이야기보따리를 풀어놓을 겁니다.

어느 날 친정에 갔다가 엄마 옷장 깊숙한 곳에서 소중한 보물을 하나 발견했습니다.

곱게 수놓은 광목천. 시골 방 아랫목 벽을 가릴 만한 크기였습니다. 바닥에 펼쳐놓고 가만 들여다보니 얼핏 기억이 났습니다. 어린 시절, 아랫목 벽에 옷을 줄줄이 걸어놓고 커튼을 치듯 수놓은 광목천으로 살짝 덮어 놓았던 용도로 쓰던 것이었습니다. 수십 년이 지났음에도 수를 놓은 색실은 색이 바래지도 않고 아직 그대로 고운 색을 띠고 있었습니다. 어찌하다 없어져 버리지는 않을까 싶어 제가 보관하려고 가지고 왔습니다. 집에서 몇 날 며칠이고 들여다봤지요.

'놀기 좋아하는 우리 엄마가 진득하게 앉아서 수를 놓았단 말이지?'

혹시 졸면서 억지로 수놓느라 수놓은 뒷부분은 엉망이지 않을까 뒤집어도 보고 좌우대칭으로 색깔은 맞게 잘 썼는지 중학교 가정 선생님마냥 이렇게 저렇게 살펴봤습니다. 딸아이가 뭘 그리 보냐며 쪼르르 달려와 들여다봅니다.

"이게 뭐야?"
"시골 할머니가 결혼하기 전에 수놓으신 거래. 옛날에는 시집가려면 직접 수도 놓아야 했잖아."
"정말? 우리 할머니가 이걸 하셨다고?"
"너도 상상이 안 되지?"

시집갈 때 가져갈 수를 놓고 있는 친정엄마의 옛 모습을 떠올려보곤 딸과 함께 웃었습니다.

'아, 그러고 보니 우리 엄마도 아가씨였던 때가 있었구나.'

설레는 마음으로 정성을 다해 수를 놓았겠지요. 몸빼 바지 입고 주름 자글자글한 엄마를 수를 놓는 아가씨로 바꿔 생각해보려 애써봅니다. 지금까지 우리 엄마는 날 때부터 엄마인 걸로 착각하며 살아온 저 자신을 발견합니다.

수십 년 전 수를 놓는 아가씨의 마음속에는 무슨 꿈이 들어있었을까? 두근두근 설레는 마음이었을까? 그때 엄마의 마음을 느껴보고자 엄마가 놓은 수를 한없이 들여다보고 또 들여다봤습니다. 엄마의 손길을 느껴보고자 조심스레 쓰다듬어보기도 했습니다. 한동안은 침대 머리맡에 두고 자기도 했지요. 제가 이렇게 겨울 내내 엄마의 수를 만지작만지작하는 사이 그림책 한 권이 마음속으로 쏘옥 들어왔습니다.

최숙희 작가는 우리 아이들과 엄마들의 마음을 가장 잘 헤아리는 그림책 작가로 엄마들의 많은 사랑을 받고 있지요. 『엄마의 말』 표지를 보는 순간 직감적으로 알아챘습니다. 제가 그렇게도 간절히 원했던 엄마들을 위로해 주는 책이라는 걸요.

'엄마'라는 말에서 떠올려지듯 표지 그림 또한 누구라도 따뜻하게 품어 안을 듯 너른 품을 가진 엄마가 있습니다. 그런데 넉넉하고 따뜻한 품만큼이나 인자한 얼굴에 어딘지 모르게 슬픔이 배어있습니다. 엄마라면 으레 떠올려지는 그런 슬픔일까요? 궁금한 마음에 조심스레 책장을 넘기니 작가 소개란 밑에 이런 문구가 있습니다.

이 책의 처음과 끝을 함께해 준 울 엄마 강봉선 님께

울 엄마 강봉선 님이라니. 목울대에 뜨거움이 느껴집니다. 아, 그러니까 작가 어머니의 이야기를 모티브로 이 세상 엄마들을 위로하는 책을 쓰셨나 봅니다. 저는 마음속으로 강봉선 대신 제 엄마 이름을 살포시 올려놓고 읊조려 봅니다. 마음속으로나마 그리해 봅니다.

오른쪽 면으로 시선을 돌리니 작은 망아지를 안고 해맑게 웃고 있는 소녀가 있습니다. 작가의 어머니 어린 시절을 얘기하는 걸까요? 표지의 엄마 그림에서 보인 슬픔은 찾아볼 수가 없습니다. 작가는 엄마 이야기를 어떻게 풀어갈까요? 또 엄마랑 말은 어떤 사연이 있는 걸까요?

단아한 치마저고리를 입고 검정고무신을 신은 아이. 뒤꼭지가 뭉툭하게 튀어나온 단발머리를 한 그 아이는 어릴 때부터 말이 좋았답니다. 하늘을 훨훨 날 듯 어디든지 갈 수 있는 말이라서 좋았답니다. 그래서 나무 막대기로 흙바닥에 말을 그리고 그리고 또 그려댑니다. 하지만 그 아이는 어디에도 갈 수가 없습니다. 사내아이들이 학교에 갈 때도 지켜볼 수밖에 없습니다. 왜냐고요? 어린 동생들을 돌봐야 하니까요. 집안일을 거들어야 하니까요. 그때는 모두가 그런 시절이었습니다. 어디든 힘차게 달려갈 수 있는 말을 좋아하던 그 아이는 아버지 말뚝 둘레에 매여 한 해 두 해 나이를 먹어 어엿한 처녀로 자라납니다.

머리도 살짝 기른 처녀가 다소곳이 앉아 수를 놓고 있네요. 곧 시집갈 채비를 하나 봅니다. 제 친정엄마가 광목천에 수를 놓은 것처럼요. 친정엄마의 수를 몇 날 며칠 들여다보며 떠올리던 처녀가 여기 그림책 속에 있네요. 제 친정엄마도 이리 고왔겠지요. 그림책 한 장면 한 장면이 제 친정엄마 이야기로 재구성됩니다.

수를 놓던 처녀는 드디어 말을 타고 온 이웃 총각을 따라 길을 나섭니다. 이 총각은 처녀를 다른 세상으로 데려갈 수 있을까요? 처녀는 곧 다섯 아이의 엄마가 됩니다. 아, 그러고 보니 표지 그림, 엄마 품 안에서 뛰어놀던 망아지 다섯 마리는 바로 아이들이네요.

다섯 망아지들 웃음만으로도 배부르고 등 따숩던 엄마는 어느 날 망아지 하나를 바다로 떠나보내게 됩니다. 가슴이 무너져 내리는 청천벽력 같은 일을 당한 엄마. 하지만 어쩌겠어요. 넷이나 남은 망아지들이 있잖아요. 망아지 다섯 마리를 너른 품에 안고 있으면서도 얼굴에 어린 슬픔이 바로 이런 슬픔이었네요. 눈물마저 마르게 하는 깊은 상처 말이에요.

어느 날, 엄마는 남은 눈물마서 거두고 공주만 그려대는 막내딸에게 말합니다.

"막내야, 말 한 마리만 그려 줄래?"

막내딸의 말 그림에 엄마는 희미하게 웃음을 되찾았고, 남은 망아지 넷은 힘차고 굳센 말이 되어 모두 엄마 품을 떠났습니다. 엄마가 살고 싶었던 세상으로요.

망아지 한 마리 안고 해맑게 웃던 그 아이는 할머니가 되어 하얀 도화지 한가득 말 그림을 그리고 있습니다. 할머니의 도화지 위에 아기자기한 꽃들이 피어나고 말들이 힘차게 뛰놀고 있습니다. 할머니의 삶 굽이굽이가 담긴 각양각색의 말들이 계속 태어나겠지요.

최숙희 작가가 어느 날 백발이 성성한 엄마에게 스케치북과 크레용을 선물해드렸다지요. 엄마가 그리고 싶은 거 아무거나 그려보라면서요. 그랬더니 바로 그림책 속의 할머니처럼 예쁜 꽃도 그리고, 동물도 그리고, 아이도 그리며 그림 그리는 재미에 푹 빠지셨답니다. 그림을 그리다 보면 엉킨 실타래 풀리듯 가슴 속 응어리가 술술술 풀려가겠지요. 삐뚤빼뚤 그림 그리는 할머니의 행복한 모습에 제 친정엄마가 겹쳐 보입니다.

다섯 망아지를 품에서 떠나보내고 팔순을 훌쩍 넘긴 친정엄마. 여전히 당신의 삶보다는 자식이 건강하고 행복하기만을 바라는, 그래야만 당신의 삶이 행복하다는 엄마. 저는 친정엄마에게 뭘 선물하면 좋을까 곰곰 생각해봅니다.

엄마가 수놓은 광목천을 들고 가 따져볼까?

"이래 수놓아서 우째 우리 아빠한테 시집왔을까 몰라."

아니면 도시락 싸 들고 뒷산에 올라가 고사리 꺾으면서 엄마의 이야기보따리 원 없이 펼쳐 보이게 할까?

출판사 책 소개에 할머니와 엄마와 아이가 함께 보는 '엄마의 엄마 이야기'라고 되어 있네요. 엄마를 추억하게 하는 그림책임에 틀림없습니다.

우리 엄마도 분명 철부지 아이였을 때가 있었고, 꿈 많은 소녀였을 때가 있었고, 가슴 설레고 두근거리던 처녀였을 때가 있었겠지요. 이제 할머니가 되었을 우리의 엄마들의 한평생 이야기를 풀어놓을 수 있는 장을 마련해 보면 어떨까요?

엄마와 함께하고 싶은 어린 시절 추억의 목록을 쭉 적어보는 것도 좋을 것 같습니다.

||||||||||||||

혼나지 않게 해 주세요
구스노키 시게노리 글, 이시이 기요타카 그림, 고향옥 역, 베틀북

고함쟁이 엄마
유타 바우어 글·그림, 이현정 역, 비룡소

엄마의 말
최숙희 글·그림, 책읽는곰

시간을 가장
우아하게
잃어버리는 방법

우리 집 현관을 나서면 1분 만에 도착하는
오솔길.

아파트가 아니라면
우리 집 마당이나 다름없는 곳.
고개를 들어 하늘을 올려다볼 만큼
높이 자란 나무들이 아치를 이루어
내가 나무 터널이라 부르는 곳.

이 숲길을 매일 걷고 또 걷는다.

한 걸음 한 걸음 내디딜 때마다
감사의 마음이 쌓인다.
자연이 누구의 소유가 아니라서,
시간을 내어 눈길을 주는 누구에게나 공평한 자연이라서
얼마나 감사한 일인지.
자연에 대해 각별히 놀라워할 줄 아는 눈을 가진 나라서
얼마나 다행인지.
나는 오늘도 자연에 깃든
하늘, 바람, 나무, 풀, 새들, 고양이와 눈 맞춤 하느라
느릿느릿 걷는다.

느린 걷기는 내가
시간을 가장 우아하게 잃어버리는 방법이다.

이런 방식이라면 얼마든지 잃어버려도 좋다.

환경운동가 레이첼 카슨의 『센스 오브 원더』에
'자연이 하는 가장 섬세한 일은 작은 것 안에서 볼 수 있다.'
라는 말이 있다.

어쩐지 오늘은
자연이 하는 가장 섬세한 일을 만날 것 같다.

||||||||||||||

센스 오브 원더

레이첼 카슨 저, 닉 켈시 사진, 표정훈 역, 에코리브르

── 속 깊은 친구,
　나만의 오솔길

 햇살 좋은 날에는 그림자와 함께 걸었고 눈이 오는 날에는 설렘으로 걸었다. 무의식의 심연 같은 안개가 자욱한 날에는 이끌리듯 걸었고 비가 오는 날에는 한껏 쓸쓸함을 걸치고 걸었다. 사실은 매일같이 이십 년을 걸었다.
 나의 산책길 얘기다.
 아이가 어릴 때는 아이와 함께 걸었는데 낮에도 걷고 밤에도 걸었다. 아이가 초등학교를 졸업한 후에는 줄곧 혼자 걸었다. 속절없이 내가 작아지는 날이나 우울의 그림자가 저만치서 기척이라도 할라치면 어김없이 오솔길로 숨어들었다.
 어떤 일이든, 누구에게든 아무도 모르게 저 혼자 마음이 베이거나 마음이 심하게 부서지는 날에도, 고백하기 창피할 만큼 작은 일에 화가 나는 날에도 나는 어김없이 그 오솔길 위에 있었다.

대부분은 걷는 즐거움을 누리는 시간이었는데, 그때는 나가기 전에 시 한 편이나 글 한 줄, 또는 그림책 한 권을 읽고 나갔다. 방금 전에 읽은 문학은 오솔길의 다정하고도 너른 품 안에서 좀 더 선명한 이미지로 펼쳐지거나 사유가 깊어지고 넓어지면서 그 시를, 그 문장을, 그 그림책을 흡족하게 느끼는 기쁨을 맛볼 수 있었다. 어쩌다 한 번 해보고는 좋아서 습관이 되었다.

글을 쓰다가 막혀도 오솔길을 찾았다.

귀를 열고 바람을 느끼며 무심하게 걷다 보면 막혔던 문장이 술술 풀리고 글의 구성까지 짜여지는 마법이 정말 일어난다. 곧 있을 강연 자료를 읽고 나가 강연 1회 분량을 거뜬하게 마치고 자신감이라는 훌륭한 무기까지 장착하고 오기도 했다.

아파트 7층인 우리 집에서 엘리베이터를 타고 내려가 걸어서 열 걸음이면 당도하는 나의 오솔길.

하늘로 쭉쭉 뻗은 시원스러운 메타세쿼이아 숲에서 시작해 곧 길 양쪽에서 높이 자란 중국단풍나무가 아치를 이루는 나무 터널로 이어진다. 이십 년 동안 변화무쌍한 내 모든 감정의 나날들과 함께한, 속 깊은 친구 같은 오솔길이다. 그 길 안에서 네 권의 책을 썼다.

내가 쓰고 있는 글이 과연 책이 될 수 있을까? 나 같은 사람의 책을 누가 읽어주기나 할까? 아무짝에도 쓸데없는 짓을 하고 있는 건 아닌지. 작아지고 작아지고 또 작아지던 무참한 시간들, 스스로 독방에 갇혀 홀로 지낸 고독의 시간들, 글을 쓰는 것도 힘들지만 쓰지 않으면 죽을 것 같은 고통의 시간들, 온통 모호함투성이에 막연한 불안과 두려움의 시간들. 그 모든 시간들을 따뜻하게 품어준 오솔길 덕분에 비바람이 몰아치는 것 같은 사십 대를 무사히 통과해온 것 같다.

오십 줄에 들어선 지금, 조금은 잔잔한 마음으로 오솔길 위에 서 있다. 돌아보니 길 위에 펼쳐놓았던 20년의 감정들이 어느 가을날의 낙엽처럼 수북하다. 필연인지 우연인지 이어폰으로 지오디의 〈길〉이란 노래가 들려온다.

가슴이 뻐근해지며 뺨 위로 뜨거운 눈물이 흘러내린다.

나는 여전히 건듯 불어오는 가벼운 바람에도 흔들리고 만다.
하지만 이제는 나를 다독일 만큼 마음이 조금은 더 단단해졌다. 잘 가고 있노라고.
사십 대도 견뎌냈는걸.
나의 속 깊은 친구, 오솔길아.
나의 오십 대도 함께 걸어줄 거지?

내가 가는 이 길이 어디로 가는지

어디로 날 데려가는지 그곳은 어딘지

알 수 없지만 알 수 없지만

오늘도 난 걸어가고 있네

사람들은 길이 다 정해져 있는지

아니면 자기가 자신의 길을 만들어 가는지

알 수 없지만 알 수 없지만

이렇게 또 걸어가고 있네

- 지오디 〈길〉 중에서

마침 퇴근해 오던 남편과 오솔길 시작점에서 마주쳤다. 지금 듣고 있는 노래에 대해 얘기하며 얼마 전에 크러쉬가 이 노래를 부르다가 폭풍 울음을 울었다고 하니, 남편이 그런다.

"이 노래에 울컥하지 않을 사람이 있을까?"

자신만의
계절을 걷는
나무들

_느티나무와 소사나무

지금은 꽃이 흐드러진 봄날이고, 삽상한 봄바람이 언제 텁텁한 공기로 바뀔지 모르는 조마조마한 4월이고, 초록이 자꾸만 짙어지는 4월하고도 18일, 일요일에
　　이상한 풍경 하나를 만났다.

　초록이 펄럭이는 느티나무 옆에 아직 겨울인 듯
　초록이라곤 기척도 없는 검은빛의 나무 한 그루.

　죽은 나무인가 싶어 줄기를 꺾어보니 시푸르뎅뎅하다.
　시퍼런 줄기로 살아있음을 증명하는 나무는
　소사나무였다.
　소사나무 아래를 서성이며
　잠깐
　소사나무 마음이 되어보았다.

소사나무야,
복장 안 터지니?
어쩌자고 하필 느티 옆에 서게 된 거니?
뭐라고?
너만의 계절이 있는 거라고?
그러고 보니 아주 기세등등하구나.

나는, 느티와 소사의 어디쯤에 있는 걸까?

마음이 조급해질 때마다
무성한 초록 잎을 펄럭이는 느티나무 옆에 선
소사나무의 마음을 생각한다.

(초록색 기척도 없던 소사나무는 한 달이 지나자 느티나무와 비슷한 농도의 초록빛을 펄럭였다.)

―― 내 삶의 마무리도
저러했으면

_미국쑥부쟁이

 외출했다가 집으로 돌아오는 길, 버스에서 까무룩 잠이 들었나 보다.
 창문에 쿵.
 머리를 부딪치고 눈을 떴다. 멍한 상태로 내릴 곳을 지나치지 않았나 창밖을 서둘러 살폈다.
 휴, 다행이다.
 서둘러 벨을 누르고 주섬주섬 가방을 챙겨 내렸다.
 여기가 어디지?
 이런, 한 정거장 앞서 내렸다.
 절묘한 순간에 눈을 떴다 싶었는데…, 할 수 없지.

 보통은 사람이 다니지 않는, 자동차도 뜸한 한적한 쪽으로 들어섰다. 차를 타고 지나다니며 수천 번 봐 온 길인데, 한복판에서 보니 낯설다. 찬찬히 살피며 걸었다. 어느새 새로운 풍경을 만나는 기쁨에 빠져들었다. 아주 짧은 시간, 예기치 않은 한 뼘 산책으로 마음이 풍성해졌다.

'우연'이 데려온 오늘의 특별한 선물이었다.

집에 돌아온 내 손에는 미국쑥부쟁이 한 가지가 들려 있었다. 오래전에 잘 닦아둔 미에로화이바 병에 꽂아 식탁 한쪽에 두었다. 한 송이 한 송이 시들어가는 모습을 볼 때마다 죽음의 방식에 대해 생각한다.

시들 때가 되면 꽃잎 한 장 한 장을 돌돌 말아 자신의 모습을 감쪽같이 감장한다. 그 모습이 어찌 그리 단아하고 아름다운지. 시들어갈 때조차 아름다운 모습을 지닌 꽃, 미국쑥부쟁이.

내 삶의 마무리도 저러했으면.

──— 죽은 화분에 3년 동안
물을 주다

_오죽

　꽃집에서 화분에 자라는 오죽을 보고 한눈에 반해버렸다. 거죽이 까만 가느다란 대나무가 그저 국숫가락마냥 몇 가닥 서 있는데 어찌 그리 우아하고 기품이 있던지! 머리로는 빈약하기 짝이 없다 생각하는데 마음으로는 독특한 아름다움으로 다가왔다. 안도현 시인의 시집 『외롭고 높고 쓸쓸한』의 제목 같은 그런 이미지라면 좀 설명이 될까?

　그런데 선뜻 사지 못하고 아쉬움만 가득 안고 돌아왔다. 빠듯한 살림으로 가격이 만만치 않은 화분에 큰돈을 들일 수는 없는 노릇이었다. 하지만 이미 마음을 홀딱 빼앗긴 터라 포기할 수도 없었다. 기다리고 기다리고 기다린 끝에 생일선물로 오죽을 데려오게 되었으니 아침저녁으로 가까이 살피고 오래도록 들여다보고 또 들여다보았다.

바람이라도 불면 검은 대나무가 몸을 흔드는 소리인가 싶어 귀를 쫑긋 세웠다. 오후 햇살을 받은 대나무 검은빛은 더욱더 윤기 나게 반짝였다. 그런 날이면 특별히 뜰 안에 오죽이 있어 오죽헌이라 불리는 강릉의 오죽헌 뒤뜰을 떠올리며 고즈넉한 시간을 마음껏 즐겼다. 오죽은 그렇게 10여 년의 세월 동안 온갖 사랑과 정성을 독차지하며 자연스러운 생명의 순환을 거듭했다. 이미 나와 있던 대나무 줄기는 죽기도 하였고 새로 죽순이 돋아나면 새로운 줄기를 다소곳이 반기기도 했다.

그런데 어느 날 보니 오죽이 모두 죽은 듯했다. 예감이 불길했다. 정말 죽은 걸까? 정말 죽은 거라면 왜 미리 알아차리지 못했을까? 자책감과 속상함과 안타까움이 뒤섞여 마음이 어찌할 바를 몰랐다. '오호통재라!'라는 탄식이 절로 나왔다.

10여 년의 세월 동안 정을 나눈 오죽의 죽음을 인정할 수가 없었다. 도저히 받아들이고 싶지 않았다. 견딜 수가 없었다. 그래서일까? 흙 속의 뿌리는 살아있을 거라 생각했다. 그래서 물을 주면 언젠가는 새로운 죽순이 나올 거라 믿었다. 그러고는 예전과 변함없이 아침저녁으로 살피며 물을 주었다. 이미 삭정이가 된 대나무는 쓰러지지 않도록 잘 세워두었다. 물론 1년이 지나고 2년이 지나고 3년이 지나도록 새로운 죽순은 나올 기미를 보이지 않았다.

그래도 나에게는 여전히 언젠가 연초록 새순을 삐죽 내밀지도 모르는 오죽의 화분이었다. 그러는 사이 그 화분에는 어디선가 날아온 풀꽃 씨앗, 꽃마리가 피고 지고 있었다. 허전한 그곳에 담쟁이 덩굴 한 줄기를 툭, 꽂아두기도 했다.

이미 죽은 화분에 3년이 꽉 차도록 물을 주던 어느 봄날 아침, 나는 다소 편안한 마음으로 겨우 지탱하고 있는, 다 쓰러져가는 대나무 삭정이를 뽑았다. 3년 전의 그날의 마음과는 확연히 달라져 있었다. 오죽의 죽음을 그제야 인정하게 된 것이다. 순간 애도(哀悼)란 단어가 떠올랐다. 3년이란 시간은 애도의 시간이었음을 깨달았다. 3년이란 시간 동안 마음이 느끼지 못할 정도로 천천히 떠나보내고 있었던 것이다. 풍장하듯 애끓는 슬픔이 시나브로 시간에 흩날려진 것이다. 내 마음이 흡족하게 충분히 슬퍼한 시간을 보낸 것이다.

옛날 고향 마을에서 많이 봤던 '영우(靈宇)'가 떠올랐다. 누군가 돌아가시면 장례가 끝나고 마루 한쪽에 영정 사진을 놓을 공간을 마련해 두고 아침마다 밥을 올리던 곳. 딱 3년이 지나면 떠나보냈다. 진짜로 혼령이 떠나는 날이다. 어릴 때는 그 이유를 잘 몰랐는데 지금 생각해 보니 3년은 애도의 시간이었던 것이다. 애도에 최소한 3년의 세월은 필요하다는 의미를 내포하고 있는지도 모르겠다.

식물 하나 떠나보내고서야 그 이치를 깨닫는 우둔함이라니.

죽은 오죽 화분을 돌보며 애도에 대해 생각해 본다. 그깟 식물의 죽음을 두고 3년의 시간을 보냈는데, 사람의 죽음은 어떠하랴? 더욱이 꽃봉오리처럼 한창 피어날 꽃다운 나이의 아이들이라면? 게다가 왜 그런 일이 일어났는지 이유조차 알 수 없다면? 3년이 아니라 10년이라도, 아니 평생으로도 충분치 않을 애도의 시간이 필요할 터이다.

세월호 참사가 일어났던 그해 여름, 방송인 김제동은 농성 중인 유가족을 찾아 이런 이야기를 했다. 이제 그만 좀 하라는 말이 난무하던 때였다.

"제가 어렸을 때 촌에서 자랐는데 송아지를 팔면 어미 소가 밤새도록 웁니다. 일주일 열흘, 끊이지 않고 웁니다. 그냥 우는 것이 아니라 끊어질 듯이 웁니다. 저 소는 왜 우냐고 타박하는 이웃을 한 번도 본 적이 없습니다."

이제야 좀 알 것도 같다.

애도를 끝내기에 충분한 시간이란 건 없다는 걸. 상실의 슬픔을 앓는 자가 마음껏 충분히 슬퍼하도록 내버려둬야 한다는 걸. 함부로 그만 울라고 말하지 않아야 한다는 걸. 더군다나 그쯤이면 됐지 않느냐는 말은 더더욱 하면 절대 안 된다는 걸. 충분히 마음껏 울 수 있도록 옆에 가만히 있어 줘야 한다는 걸. 울던 울음을 그치고 눈물을 닦으며 스스로 일어서서 걸어 나올 때까지 가만히 지켜봐 줘야 한다는 걸. 우아하고 기품 있는 나의 까만 대나무가 알려주고 떠났다.

  뒷모습까지도 기품 있는 나의 오죽이여, 이젠 정말 안녕!

─── 뒷모습을
　보는 일

　영화 〈환상의 빛〉을 보고 나는 꽤 오랫동안 열병을 앓듯 얼이 빠져 있었다. 영화가 너무 아름다워서 쉬이 잠들지 못하고, 도무지 알 수 없는 물음들이 장대비처럼 쏟아져 난감했다. 영화가 끝난 지 오래건만 여전히 선연한 이미지가 시도 때도 없이 눈앞에 펼쳐졌고, 어느 날은 주인공 유미코가 되어 비바람이 몰아치는 바닷가에서 미친 여자처럼 울부짖듯 울고 있는 나를 만나기도 했다.

　유미코와 남편 이쿠오의 행복한 일상이 봄날처럼 흘러간다. 갓 태어난 아기의 옹알이와 함께. 오늘 아침도 이쿠오는 여느 때와 같이 아내 유미코의 다정한 배웅을 받으며 출근한다. 유미코는 집 앞에서 남편이 주택가 골목길을 빠져나갈 때까지 남편의 뒷모습을 좇는다. 남편은 한 번인가 아내를 향해 돌아보고는 아침의 밝은 빛 속으로 사라져간다. 그리고 그날 저녁, 남편은 퇴근길에 철로를 걷는다. 기차가 오는 방향으로. 스스로 죽음을 택한 것이다. 봄날처럼, 부드러운 햇살에 반짝이며 흘러가는 강물 같은 일상에 자연스러운 한 점과도 같이.
 유미코가 본 남편의 마지막 모습은 남편의 뒷모습이었다.

 사랑하는 사람의 마지막 모습이 뒷모습이라면 가슴에 깊은 우물이 하나 생길 것 같다. 칠흑같이 어둡고 돌멩이 하나 던지면 결코 퐁, 소리를 들을 수 없을 만큼 깊은 우물 말이다. 분명 이때부터였다. '뒷모습'이란 단어가 심장에 콕 박혀버린 순간이. 그리고 바로 그즈음에 우리 집 고양이 레오의 뒷모습이 가슴에 들어왔다. 레오의 뒷모습을 보는 일은 여러 생각들이 들숨과 날숨으로 직조되면서 평소보다는 생각이 깊어지곤 했는데, 그러다 보면 내 감정의 대부분은 애잔함으로 기울어졌다. 그리하여 평소와는 달리 비장한 결심 같은 것도 해보게 되고. 그래서일까? 영묘한 레오는 내게 자주 등을 보여 주곤 했다.

 뒷모습, 뒷모습, 뒷모습….
 자꾸만 누군가의 뒷모습만 들어왔다. 그리고 뒷모습을 바라보는 일에 대하여 그리고 뒷모습의 표정에 대해서 오래 생각했다. 그리곤 심장에 사금파리처럼 박혀 도무지 떠나갈 것 같지 않은 뒷모습에 대해 뭔가를 끼적이기 시작했다. 글 비슷한 뭔가가 윤곽을 드러내기 시작했다. 나는 그걸 그림책 원고라 부르고 싶었다. 그제야 좀 심장의 맥박이 부드러워진 것 같았다.

누군가의 뒷모습을 보게 되면 마음이 조금 많이 이상해져.
동물이라도.
생명이 있는 것이라면 다 그래.
정말 이상하지?
뒷모습은 거짓말을 못 해서
그 모습 그대로 고백의 말이어서 그런 걸까?

아이야, 엄마는 너의 뒷모습에 좀처럼 시선을 거둘 수가 없구나.
네가 보이지 않을 때까지 바라보게 돼.
한쪽 어깨가 기울어져 있기라도 하면 엄마 가슴이 서늘해진단다.

기도하는 사람의 뒷모습에는 간절함이 느껴져 덩달아 기도하게 돼.
마음을 다해 함께 빌게 된단다.
그럼, 그의 기도가 엄마 기도가 되는 것 같아 마음이 고요해져.

(강아지들에게서 눈을 떼지 못하는) 저 할아버지는 어때?
쓸쓸함과 애틋한 그리움이 뚝뚝 떨어져.
얼마 전에 사랑하는 반려견을 영원히 떠나보낸 것 같아.
그걸 어떻게 아느냐고?
누군가를 잃고 나면 비슷한 모습에도 넋을 잃고 바라보게 되거든.

누군가의 뒷모습에 슬픔의 무늬만 아롱지는 건 아냐.

하나가 아닌 둘은 정겨운 풍경으로 다가와.
바로 너와 고양이 레오처럼.
함께 나아가니까.
다정함이 배어 있으니까.
어떤 마음이든 마음을 나눌 곁이 있으니까.
혼자라도 책이 있고, 연필이 있으면
휴우, 안심이 돼.
손에 들린 한 장의 나뭇잎이라도 충분해.

할머니의 구부정한 뒷모습은 어떨까?
쓸쓸할 게 분명하다고?
엄마 눈에는 나뭇잎처럼 곱게 물든 할머니 마음이 보이는걸.

엄마는 산책길에서 가끔 보이지 않는 뒷모습을 만나기도 해.
아직 따뜻한 마음만 남아 있어.
사람의 마음을 순하게 물들이는 뒷모습이란다.

아이야,
세상에서 가장 슬픈 뒷모습을 본 적 있니?

어느 여름날의 깊은 밤, 엄마는 노트에 이런 문장을 썼어.
'오늘 가장 슬픈 것을 보았네.'
바다를 하염없이 바라보는 너의 뒷모습을 본 날이야.
시선을 거두지 못하고 하염없이 하염없이 너를,
너의 뒷모습을 바라보았단다.

어느 날은
엄마도 문득 내 뒷모습이 궁금해졌어.
내 뒷모습은 어떨까?
내 뒷모습을 기억하는 사람이 있을까?

세상에서 내 뒷모습을 가장 많이, 가장 오래 본 사람,
보이지 않을 때까지 내 뒷모습을 바라봐주는 사람,
바로 엄마의 엄마, 할머니란다.

엄마 뒷모습이 방금 떠나온 허공까지도 오래 바라봐주는 사람이 있기에 엄마는 또, 또 살아갈 힘을 내곤 해.

내 뒷모습을 바라봐 주는 사람을 가졌다는 것.
바로 그거야.

누군가의 뒷모습이 보이기 시작하면 진정 그를 사랑하게 된 거래.
그러니까
아이야,
길을 가다 힘들면 뒤를 한 번 돌아봐.
엄마가 바라보고 있을 테니.
너의 뒷모습을 기억하는 엄마가 말이야.
너의 첫 모습을 기억하는 엄마가 말이지.

── 아침을 여는
방식

 새벽에 신문 보는 것을 좋아한다. 이십여 년 된 오랜 습관이다. 아침 해가 떠오르기 직전의 하늘빛을 보는 것도 좋아한다. 하루를 시작하기 전에 부려보는 사치스러운 여유다. 부엌에서 아침을 준비하는 데 필요한 시간보다 30분 정도 일찍 일어난다. 여유 부릴 시간을 확보하기 위해서다.

 새벽에 일어나 가장 먼저 커피 물을 올린다. 아직은 희붐한 창문을 바라보며 오늘 날씨를 가늠해 보고 신문을 펼친다. 펄럭펄럭 조금 빠르게 넘기며 기사를 대충 파악하고 천천히 음미할 칼럼 하나에 눈이 멈춘다. 침이 고인다. 새벽의 좋은 칼럼은 달콤한 조각 케이크다.
 정말이지 커피가 필요해. 달콤한 디저트엔 쓴 커피가 딱이지.

커피빵이 잘 구워지도록 물을 천천히 부어가며 드립 커피를 내린다. 조심스레 커피 한 잔을 들고 찜해 놓은 칼럼 앞에 앉는다. 아끼느라 칼럼을 덥석 읽지 못하고 베란다 창문으로 시선을 돌린다.

커피를 내리는 사이 아침 해가 말간 얼굴을 내민다. 새벽 햇살에 안긴 나무의 까만 실루엣이 액자 속 그림 같다. 아침마다 사진을 찍고 싶을 만큼 황홀한 풍경이 연출되는 순간이다. 동향이라 맛볼 수 있는 이른 아침의 즐거움이랄까.

다시 신문으로 돌아와 칼럼을 읽기 시작한다. 쓴 커피를 홀짝이며 한 문장 한 문장 맛있게 읽는다. 달콤한 시간이다. 너무 아름답거나 머리가 명징해지거나 가슴을 후비는 문장이나 단어를 만나면 스크랩했다가 나중에 메모하고, 머리와 가슴에 담아 하루종일 틈틈이 생각한다. 아침 설거지를 하면서, 청소기를 돌리면서, 산책을 하면서. 마음이 이제 됐다며 놓아줄 때까지 생각하고 또 생각한다. 가슴에 담은 오늘의 문장과 단어가 되는 것이다.

매번 오늘의 문장이 찾아오는 건 아니지만, 다행히 오늘도 가슴에 폭 안기는 문장을 만났다.

살아가는 그대로가 저항이 되는 삶을 추구했다.
　　　　　-한겨레신문, '정희진의 융합-19(2021. 3. 16.)' 중에서

살아가는 그대로가 저항이 되는 삶이라니! 참으로 멋지다.

평소에 일상의 삶이 그대로 시(詩)가 되는 시와 삶에서 길어 올린 가치와 세계관, 시선이 그대로 투영된 글을 좋아하는데 거기에 딱 맞춤한 문장이 아닌가. '저항'이라는 단어 때문에 '저항이 되는 삶'이 다소 무거울 수 있으나 내 수준에서 풀이하고 이해하기로 했다. 내가 살아낼 수 있어야 의미가 있으므로.

내가 생각하는 저항이 되는 삶이란 이러하다.

> 가능한 한 고기를 덜 먹기(점차로 안 먹는 방향으로 가도록 노력할 것), 동물 복지에 관심 갖기, 플라스틱이나 비닐봉지 줄이기, 누군가에게 상처가 되지는 않았는지 항상 나를 돌아보기, 연대의 물결에 동참하기.

쓰고 보니 부끄럽다. 저항이 되는 삶의 목록을 늘려가는 것이 중요하겠다.

── 동네 빵집의 사려 깊은 북큐레이션

 빠르게 지나치는 차창 밖으로 긴 줄이 늘어선 왕만두집 옆에 시선이 머물렀다. 가게 이름이 〈사려 깊은 빵집〉이란다.
 남의 가게를 두고 혼자 이런저런 생각에 빠졌다. 이런 번화가에 옹색해 보이는 작은 빵집이 장사가 될까? 몇 걸음에 번듯한 프랜차이즈 빵집도 있던데. 더군다나 요즘은 창고형 대형 베이커리 카페가 유행이지 않나? 그런데 빵집 이름이 참 끌린단 말이지. 어떤 생각으로 저런 묵직한 이름을 지었을까? 주인은 어떤 사람일까, 꼭 한 번 가봐야지. 아니지, 꼭 가야겠어.
 집에 돌아와 새삼스레 '사려'를 사전에서 찾아보니 '여러 가지 일에 대하여 깊게 생각함'이란다. 그날 이후 '사려 깊은'이란 단어가 마음속에 들어와 똬리를 틀고 앉아 나가질 않았다. 순간순간 나도 모르게 읊조려 보곤 했는데, 이런 단어가 내 마음속에 살고 있다는 게 기분 좋은 느낌으로 다가왔다. 나는 '사려 깊은'이란 말을 마음속에 기르고 있었고, 그러다 보면 그 말처럼 조금은 닮아가지 않을까 하는 순진한 생각을 하고 있었다.

어느 날 그곳을 지나다가 먼 곳에 주차를 하고 일부러 그 빵집을 찾았다. 가는 날이 장날이라고, 몸이 아파 잠깐 쉰다는 안내문이 붙어 있었다. 한 번도 본 적 없는 주인의 빠른 쾌유를 빌어주며 발길을 돌렸다. 그리고 아주 오랜 시간이 흐른 후 또 그곳을 찾았다. 서넛이 앉을 자그마한 테이블과 그리 많지 않은 종류의 빵이 아늑한 공기 속에 단아하게 자리하고 있었다. 소박하지만 그 빵집만의 자존과 취향이 강하게 느껴졌다. 과연 장사가 될까 생각했던 나의 오지랖 넓은 걱정은 고이 접어 쓰레기통에 슬쩍 버려야 했다. 빵 나오는 시간이 종류별로 각각 다른데, 그 시간이면 단골 손님들이 찾아오고 조금만 늦으면 진열대의 빵은 다 팔리고 거의 없었다.

천연효모와 유기농 재료를 쓰는 건 기본일 테고, '사려 깊은 빵집'에 걸맞은 그 무언가는 무엇일까? 신용카드 포인트로 저렴하게 살 수 있는 프랜차이즈 빵집을 두고 내 발걸음을 이끈 이곳의 매력은 무엇일까? 두리번거리다 테이블 옆자리에 놓인 아담한 책장 안에서 반짝이고 있는 두 권의 책을 발견하고서 고개를 끄덕였다. 사려 깊은 빵집에 『빵 고르듯 살고 싶다』와

『시골빵집에서 자본론을 굽다』라는 책이 있는 건 너무도 당연해 보였다.

『빵 고르듯 살고 싶다』는 일상의 작은 행복을 위해 오늘 하루를 섬세하게 가꾸는 일러스트레이터 임진아의 에세이인데, 오래전에 읽었지만 작가의 예쁜 마음 하나가 여전히 선명하다. 사람들의 이러저러한 손을 깨끗하게 씻어주는 비누를 정성스레 씻어주는 마음. 나도 작가를 따라 가끔씩 비누를 씻어주곤 하는데, 그러고 나면 내 마음이 씻기는 듯해 기분이 맑아진다. 빵집 주인도 나처럼 비누를 씻어주는 그 마음을 알지 않을까 싶어 모종의 연대감이 느껴졌다.

무엇보다 『시골빵집에서 자본론을 굽다』라는 책이 있는 빵집이라면 무턱대고 믿음이 간다. 이 책은 저자 와타나베 이타루가 사람보다 개구리가 많은 산속 마을에 문을 연 '다루마리'라는 빵집 이야기인데, 단순히 빵집 성공 스토리가 아니다. '작아도 진짜인 일'을 위해, 생산자가 존경받는 사회를 만들기 위한 고군분투와 종업원, 생산자, 자연, 소비자 그 누구도 착취하지 않는 그만의 빵집 운영 방식 등 생각을 깨우고 가슴을 뜨겁게 하는 이야기로 가득하다.

한국의 사려 깊은 빵집과 일본의 다루마리 빵집. 두 빵집은 참 많이 닮았다. 사려 깊은 빵집도 다루마리 빵집처럼 부부가 운영하는데, 남편은 빵을 만들고 아내는 판매를 맡는다. 다루마리가 무모하게 산속 마을에 빵집을 열었듯 사려 깊은 빵집은 무모하게 작디작은 빵집을 열었다. 빵집 운영 철학 또한 많이 닮았기를 바란다.

오늘 사 온 무화과 치아바타를 먹으며 다시 『시골빵집에서 자본론을 굽다』를 뒤적거렸다. 그러다 시선이 오래 머무른 곳은 들에서 자라는 밀알이 빵으로 탄생하기까지의 과정을 현미경으로 들여다보듯 세밀하게 묘사하고 있는 부분이었다. 빵이 탄생하는 과정 중에 있는 무수한 생명들을 느끼고, 그 생명들이 품은 생각도 느끼고, 그리하여 두루마리 빵집의 빵에는 무수한 생명들과 생각들이 자연스레 스미게 된단다. 아하, 〈사려 깊은 빵집〉이란 이름이 여기서 탄생하지 않았을까? 그렇다면 혹시 사려 깊은 빵집의 빵들도 생각들이 듬뿍 담기지 않았을까? 사려 깊은 빵집으로 향하는 내 발걸음에도 많은 생각이 담긴다. 빵이 나오는 그림책을 선물할 수 있을 만큼 빵집 주인과 가까워질 그 날은 언제쯤이나 될까?

그림책 『두근두근』을 읽는 어른이나 『빵공장이 들썩들썩』을 읽는 아이가 있는 자그마한 테이블을 그려본다. 행복한 상상이다. 강아지를 데리고 오는 엄마와 아이가 재미를 기대하며 『식빵유령』을 덥석 읽게 된다면 어떨까(사실 가슴이 먹먹해지는 이야기이다)? 빵 심부름을 나온 아이가 『그레이엄의 빵 심부름』을 본다면 안 읽고는 못 배기겠지. 그림책 『할머니의 팡도르』

가 놓여있는 사려 깊은 빵집에서 팡도르를 사보고도 싶다.

그렇게 사려 깊은 빵집에 대한 나의 북큐레이션이 완성된다.

lllllllllllll
시골빵집에서 자본론을 굽다
와타나베 이타루 저, 정문주 역, 더숲

빵 고르듯 살고 싶다
임진아 저, 휴머니스트

그레이엄의 빵 심부름
장 바티스트 드루오 글·그림, 이화연 역, 옐로스톤

식빵 유령
윤지 글·그림, 웅진주니어

빵 공장이 들썩들썩
구도 노리코 글·그림, 윤수정 역, 책읽는곰

두근두근
이석구 글·그림, 고래이야기

할머니의 팡도르
안나마리아 고치 저, 비올레타 로피즈 그림, 정원정·박서영 공역, 오후의소묘

―― 고 요 를
시 청 하 다

_맥문동

소리 없이 얌전한 비가 내리는 날에 맞춤한 시집을 읽고 있었다. 고재종 시인의 『고요를 시청하다』를 읽다가 '고요'라는 단어에 머무르며 골똘히 생각하는 척하다가 호수공원을 떠올리고 말았다.

그래, 호수공원에 가는 거야.
비 내리는 호수공원, 발밑이 푹푹 빠지도록 고요가 쌓여 있겠지. 조금 많이 널찍한 화면으로 고요를 시청해야겠어.

나는 어느새 호수공원에 들어서고 있었다. 몇 걸음 걷지도 않아 탄성을 지르고 말았다.

우듬지조차 보이지 않을 정도로 우뚝우뚝 솟은 메타세쿼이아 숲속에 보랏빛 향연이 마련되어 있었다.

아, 지금이 맥문동의 시간이구나!

긴긴 장마에도 그늘에서 잘 자라는 맥문동은 신비로운 보랏빛으로 싱싱한 꽃을 피우고 있었다. 무엇보다도 한창 절정이었다. 축축한 대기 중에 둥둥 떠다니는 보랏빛 고요를 흠흠거리며, 발밑에 켜켜이 쌓인 고요에 푹푹 빠지며 천천히 걸었다.

이런, 이런, 어쩜 좋아.

운치 있는 호수공원을 혼자 독차지한 것만 같았다. 태곳적 원시림에 와 있는 것만 같았다. '고요' 핑계를 댔지만, 사실은 비 오는 날 호수공원을 불쑥불쑥 찾는 진짜 이유다.

넋이 나간 듯 돌아다니다 기진맥진해서 집에 돌아왔다. 들녘에서 일하다 온 듯 계란 하나 톡! 풀어 휘리릭 라면을 끓여 먹고 까무러치듯 늦은 오후의 낮잠 속으로 빠져들었다.

||||||||||||

고요를 시청하다
고재종 저, 문학들

── **빨래처럼 시래기를
널었다**

 그런 날이 있다. 카페의 커피가 마시고 싶은 날.

 노트북과 책, 큼지막한 책 받침대까지 한 보따리 챙겨 경쾌하게 집을 나섰다.

 마음에 쏙 드는 카페까지 느릿느릿 걸었다. 10여 분의 그 길은 많은 것을 품고 있었다. 자연스레 걸음은 느려지고 나의 주특기인 해찰이 시작되었다. 눈에 들어온 시골집 한 채를 이렇게 저렇게 꾸며보며, 저 집은 얼마면 살 수 있을까? 잠깐 행복한 상상에 빠져보는 그때 오른쪽 발 옆으로 펼쳐진 무와 배추밭을 보고 화들짝 놀랐다.

 이른 김장을 했는지 무를 뽑아갔는데, 무시래기가 그대로였다. 찬찬히 들여다보니 버린 것이 분명해 보였다.

 아, 저 시래기 주워가고 싶다. 시래기를 안 좋아하는 밭 주인인가?

시래기, 시래기, 시래기…, 하다가 한참 만에 카페에 도착했다. 그러고는 커피를 마시며 간절하던 시래기는 곧 잊어버렸다. 엷은 어둠이 시작될 무렵 다시 길을 내려오는데,

맞다, 시래기!

마침 시래기 근처 밭에서 할머니 한 분이 팥꼬투리를 따고 있었다. 눈치로 분위기를 살피니 분명 무밭의 주인인 듯했다.

마음속으로 연습을 했다.

'저~ 시래기 주워가도 돼요?'

아니지, 먼저 주인임을 확인하는 질문을 해야지 않나? 에이, 그냥 가자. 아니야, 얘기해 보자.

언덕길을 대여섯 번 오르락내리락 왔다 갔다 했다. 어쩐지 이런 말을 용기 있게 할 수 있는 '나인가?' '아닌가?'의 대결처럼 느껴졌다. 대단한 용기를 내어 뭐라고 말을 꺼냈던 것 같다. 할머니는 무시래기의 주인이 맞았고 흔쾌히 허락했다.

노트북 가방을 밭둑에 부리고 밭에 뛰어들어 무시래기를 주워 담았다.

시래기 줍는 내가 안쓰러워 보였나?

꼬투리 따는 일을 마무리한 할머니는 어느새 배추밭 한편에 남겨두었던 무를 2개나 뽑아 주었다. 무거운 걸 들고 갈 나를 걱정하시며 먼저 발걸음을 옮긴 할머니.
이건 정말 반칙이다.
시래기 줍던 손은 느려지고 마음은 흘러내렸다.

그날 저녁은 시래기 된장국과 아삭아삭한 무생채. 나머지 무시래기는 겨울날 시래기 밥을 위해 빨래처럼 널었다.
양푼 비슷한 그릇에 무생채로 어마어마한 비빔밥을 먹은 저녁, 배가 힘들어해 산책을 나갔다. 걸으면서 생각했다.
내년 봄에 그 길을 걸을 땐 가방 속에 캔 음료 하나쯤은 꼭 넣어 다녀야겠다고.

2부 식물의 위안

초록에 물드는

우연한

마음

재능이라곤 없는 나에게도
자랑하고 싶은 한 가지가 있다.
자연에 대해 놀라워할 줄 아는 예민한 감각을 가졌다는 것.
그래서인지 나에게는 기적 같은 선물이 가끔 찾아온다.
뜻하지 않는 곳에서 만나는 함박꽃나무처럼.
그것이 특별한 재능이라는 것을 깨닫고 나는
조금 더 많이 행복해졌다.

―― 20년 친구
나의 작은 숲

_옻나무

   친정집 은행나무 밑에 있는 수돗가 호스로 마당에 있는 식물들에게 쏴아~ 물 뿌려주는 걸 좋아한다. 물방울을 튕기며 시원스레 뻗어 나가는 물줄기와 물세례를 받아 한층 짙어진 초록빛깔의 싱그러움이 도무지 좋다. 내 마음이 흠뻑 좋아라 한다. 마당이 없는 우리 집에선 베란다 식물들에게 호스 대신 스프레이로 칙칙~ 뿌려준다. 시원한 맛은 덜하지만, 이파리 한 장 한 장 눈을 맞추고 귀를 기울이며 소곤소곤 이야기를 나누는 다감한 맛이 있다.
   오늘도 어김없이 촉촉이 물을 뿌려주는데 옻나무가 말을 건다. 오랜 세월 함께해 온 자신도 사진 한 장 찍어달라고(얼마 전 옻나무 옆에 있던 피타나 라벤더를 예쁘게 찍어 준 일을 두고 하는 말).

아, 그러고 보니 나에게 베란다가 생기고 베란다에 식물을 들인 초기부터 함께 해 온 옻나무.

올해로 20년이 되었다. 10년이면 강산이 변한다는데 20년의 세월에도 처음과 별반 다름없는 모습이다. 겉보기에는 그렇다. 하지만 찬찬히 들여다보면 오랜 세월을 고스란히 품고 있어 감히 흉내 낼 수 없는 아우라가 있다.

화분으로 쓰고 있는 기왓장은 시골 고샅길을 어슬렁거리다 폐가 앞 풀숲에서 모셔온 것이니, 그 또한 가늠할 수 없는 세월의 무늬가 새겨져 있다.

우리 집 식물 포토존에 올려두고 20년 만에 처음으로 수를 헤아리니 모두 열일곱 그루. 척박한 흙이었음에도 한 그루도 스러지지 않고 가느다란 '새 다리'로 용케도 버텨왔다.

결코 멋스러움을 잃는 법이 없는 맵시에 항상 감사하면서도 한편으론 애잔한 마음인데, 그 와중에 나는 후회도 한다.

비옥한 흙이었다면 20년 세월 동안 어떤 모습으로 자랐을까?

고단한 환경임에도 가을이면 내어주는 붉은 빛깔의 작은 숲. 사진을 찍으면서 알았다. 사진가 배병우의 그 유명한 소나무가 부럽지 않은 멋스러움이 있는 나의 옻나무 숲이라는 걸.

열일곱 그루가 빚어내는 그 조그마한 숲을 나무요정이 되어 거니는 상상은 쏠쏠한 즐거움이다.

―― 나의 친애하는 나무에게
전하는 말

_자작나무와 감나무

　도시에 살면서 나는 자작나무와 사랑에 확 빠졌다. '도시에 살면서'라는 말은 내가 살던 시골에서는 한 번도 본 적이 없었다는 뜻이다. 있었다 해도 그때는 관심 밖이었을 것이다.
　잔가지 없이 곧게 뻗은 몸통을 감싼 하얀 수피, 잎자루가 길어 여린 바람에도 파샤샤파샤샤 팔랑이는 연초록 이파리들, 그리고 무엇보다 이파리 뒷면에 살짝 숨겨둔 은빛의 찰랑거림. 자작나무는 그 자체로 하나의 예술품이었다. 처음 본 순간부터 내가 가장 좋아하는 나무는 단연코 자작나무였다. 누군가를 천천히 알아갈 무렵 자작나무를 좋아한다는 사실에 그 사람이 확 좋아졌고, 우리는 자작나무에 대해 길고 긴 수다를 떨기도 했다.

강원도 인제의 자작나무숲을 다녀와서는 나중에 꼭 함께 걷자는 약속도 했다. 누군가 내가 좋아하는 영화를 봤다던가, 내가 재밌게 읽은 책을 읽었다 하면 급속도로 관심이 가는 것처럼, 내게 자작나무는 그런 영화였고 책이었다.

어느 가을날, 서울 성북동의 최순우 옛집 마당에 서 있는 감나무를 보고 나는 순간 아찔했다.
아, 이런 감나무라니!
아무런 조화가 없는데도 고풍스럽고도 운치 있는 감나무 한 그루가 가을의 정취를 한껏 돋우고 있었다. 얼마간은 떨어져 바닥에 뒹굴고 얼마간은 아직 나뭇가지에 헐렁하게 남아 주홍빛 감들과 절묘한 어울림을 빚어내는 이파리는 가을이라는 계절에 썩 어울려 감나무의 고요한 절정을 보여주고 있었다.
순간 아찔했던 건 감나무의 비밀스러운 아름다움을 느닷없이 만난 충격 때문이었고, 또 하나는 내 어린 날의 감나무가 아주 멀리서 불현듯 달려들었기 때문이었다. 어찌할 줄 모를 미안함이 쓰나미처럼 밀려왔던 것이다. 그 감나무는 내가 많이 좋아했던 우리 집 시골 마당에 깊고 푸른 그늘을 느리웠던 아름드리나무였는데, 내내 외로웠던 어린 날의 나와 항상 함께했던 엄마의 품속 같은 고마운 나무다. 남의 집 마당에 서서 아름다운 감나무를 안아보며 얻은 깨달음이었다.

바쁜 학창 시절을 지나 도시로 나오면서 나는 감나무 같은 건 까마득히 잊어버렸다. 시골집 가까이에 도로가 나면서 이사를 가는 날에도 나는 감나무의 안부 같은 건 궁금하지 않았다. 내 가슴 속에는 이미 근사하고 세련된 자작나무가 살고 있었고, 나의 외로운 시간들을 함께한 감나무가 무참하게 베어졌을 시간에도 나는 도시에서 아주 중요한 공부(?)를 하고 있었다.

최순우 옛집에서의 그날 이후 감나무에 대한 고마움과 미안함으로 마음에 큰 짐이 부려졌다.

나의 감나무는 그루터기조차 없이 가뭇없이 사라져 버렸다. 동화 『아낌없이 주는 나무』의 소년처럼 뒤늦은 후회를 해보지만, 아무런 소용이 없다. 가슴 속에 미안함이 자라는 동안 자작나무 옆에 감나무가 나란히 자리하게 되었고, 이제는 내가 가장 좋아하는 나무는 감나무라고 말하게 되었다. 그렇다 해도 감나무와 자작나무는 다른 결로 각각 아름답다.

나에게 "감나무가 좋아? 자작나무가 좋아?"라고 묻는 건 "엄마가 좋아? 아빠가 좋아?"라고 묻는 것과 같다. 그럼에도 꼭 하나만 골라야 한다면 감나무를 선택하겠다. 감나무는 나의 서사와 서정을 품고 있는 나무니까. 게다가 무턱대고 정감 가는 나무니까. 또한 어느 모로 보나 고풍스럽게 운치 있는 나무로는 제일이니까.

가슴 속에 뒤늦게 들어온 감나무가 나의 서정을 더 풍성하게 돌봐준다. 아름답게 운치 있는 감나무가 있는 두어 곳을 기억했다가 가끔씩 찾아가서 마음을 기대곤 한다.

가끔씩은 감나무를 가장 아름답게 묘사한 미술평론가 김용준의 수필 〈노시산방기(老柿山房記)〉(『새 근원수필』)를 읽으며 무척 행복해한다.

||||||||||||

아낌없이 주는 나무
셸 실버스타인 저, 이재명 역, 시공주니어

새 근원수필
김용준 저, 열화당

―― 비 오는 일요일에
행복해지는 법

_유칼립투스 폴리안

　휴가 절정의 두 번째 날, 그러니까 지금은 8월 2일이고 일요일이다. 기습 폭우가 며칠째 이어지고 있지만, 휴가는 휴가라 도시는 한산하고 비 오는 일요일이니 온 세상이 고요하다.
　이런 날 나는 아침부터 혼자 부산스럽다. 애지중지하는 식물에게 빗물을 좀 먹이려고 어제 밖에 내놓았는데, 실패하고 그냥 들여놓았으니 오늘 또다시 시도해 볼 요량이라 마음이 바쁘다. 순전히 언젠가 읽은 신문 기사 때문이다. 빗물이 식물에게 아주 좋다나. 특히 번개 치는 날의 빗물은 최고의 영양제라고 한다.
　천둥번개를 동반한 비는 보통의 비보다 질소를 더 많이 함유하고 있다는데, 이유가 궁금하여 자료를 뒤적이다 '사이언스 포커스(Science Focus)'라는 과학잡지에서 원리를 알게 되었다.

식물 성장엔 질소가 필요한데 공기의 78퍼센트 정도가 질소라고 한다. 기체 상태의 질소는 2개의 원자가 서로 강하게 연결되어 있는데, 이 강한 연결 고리를 끊는 데는 많은 에너지가 필요하고, 바로 번개가 이 에너지를 제공한단다. 이로 인해 연결 고리가 느슨해진 질소 원자는 공기 중의 산소와 결합하여 질산염이라는 화합물이 되고, 질산염은 물에 잘 녹는 성질이라서 빗물에 녹게 된다. 그러니 천둥번개를 동반한 비가 특히 식물의 영양에 유익하다는 것이다.

마침 어젯밤 천둥번개가 쳤고 지금은 비가 얌전히 내리고 있다. 카메라를 목에 걸고 우산을 쓰고 화분을 하나씩 하나씩 빗속에 들인다. 우산 쓰고 쪼그려 앉아 빗속에 있는 식물들을 하염없이 바라본다.

얼마나 다디달까?

말라가는 논에 물을 대고 나면 배가 부르다던데, 바로 이런 느낌일까? 쩍쩍 갈라진 논바닥에 쿨렁쿨렁 물 들어가는 소리에 농부는 얼마나 뿌듯할까?

문득 아이를 낳고 엄마가 되어 첫 모유 수유할 때 일이 신멍하다. 아직 눈도 못 뜬 아기가 젖을 힘차게 빨며 젖을 꼴딱꼴딱 넘기는 소리에 얼마나 행복했던지.

지금 내 눈앞에 빗물을 삼키는 식물들의 꼴딱꼴딱 소리가 들리는 것만 같다. 그림책으로 인연을 맺은 아래층 언니도 식물을 줄줄이 내놓는다. 빗속에서 더 싱그러운 초록빛의 식물들을 바라보는 언니 얼굴에 웃음이 가득하다.

자신이 꼴딱꼴딱 빗물을 마시는 것만 같다는 언니 목소리에 초록빛 기쁨이 번진다. 둘이 함께 빗속에 서서 옷이 젖는 줄도 모르고 식물 수다를 펼친다. 한참 만에 언니가 들어가고 요리조리 식물들을 살피고 있는데, 엘리베이터에서 가끔 마주친 아저씨가 지나가다 멈춘다.

"일부러 비 맞히는 거예요?"
"네, 빗물이 식물에게 좋다고 해서요."
"얘는 이름이 뭐예요? 어릴 때 시골에서 많이 보던 것 같은데."
"그건 아니고요. 유칼립투스 폴리안이예요."
"허브처럼 향기가 있나요?"

향기가 있다는 말에 머리가 희끗희끗한 아저씨는 손으로 이파리를 만지작거리더니 손을 코끝에 가져간다.

"바질 향이랑 비슷하네요. 안 만져도 그냥 향기가 나요?"
"그렇지는 않아요."
"하여간 애쓰시네요."

다음에 엘리베이터에서 만나면 인사 정도는 나누는 이웃이 되어 있지 않을까 싶다. 빗속에 있던 식물의 안부를 물을지도 모른다. 집에 들어와서야 불현듯 궁금해진다.

유칼립투스 폴리안을 보고 시골에서 많이 보던 거 아닌가 하고 반갑게 물었는데, 그건 어떤 식물이었을까? 혼자 곰곰이 생각하다가 비슷한 식물 하나를 떠올린다. 혹시 작고 동글동글해서 귀여운 이파리의 싸리나무를 말한 건 아닐까?

다음번에 만나면 내가 먼저 말의 물꼬를 터야 할지도 모른다.

저번에 시골에서 많이 본 것 같다는 그 식물이 궁금했는데 혹시 싸리나무 아닌가요?

── 비켜나 있음의
쓸모

_찔레꽃

 오늘은 어떤 아이에게 물을 줄까? 눈과 귀를 활짝 열고 조심조심 베란다 식물들 사이를 돌아보는데 이번에는 찔레꽃이 말을 걸어온다. 자신은 사고파는 상품이 아니라서 사진 한 번 찍어 주지 않느냐고.
 오, 미안 미안해.
 서둘러 찔레꽃을 포토존(고등학생 딸이 졸릴 때 서서 공부하는 하얀 스탠딩 책상인데, 가끔 식물을 올려놓고 사진 찍는 포토존으로 이용하고 있다)에 올려놓고 찬찬히 들여다본다.
 찔레꽃, 너는 어디서 왔더라? 아, 맞다! 벌써 십 년이 속히 넘었겠구나.

 친정집에 갔을 때 일이다.

아침밥 드시라고 밭일하는 아버지를 모시러 논두렁 사잇길을 설렁설렁 걸었다. 마침 아버지가 일하는 밭 옆에는 하얀 찔레꽃이 흐드러지게 피어 있었다. 아직 이슬도 채 가시지 않은 살짝 이른 아침, 새소리로 가득한 산골짝에서 만난 찔레꽃 향기에 나는 금세 취해버렸다. 무덤 같은 찔레꽃 무더기 앞에서 오래 서성이다 얼마간 나가 있던 정신을 차리고 돌아보니 아버지는 벌써 저만치 집으로 가고 있었다. 다음 날 아침, 마당에 나가보니 뿌리가 상하지 않도록 잘 포장된 아기 찔레꽃 한 뿌리가 있었다. 유독 식물을 사랑하는 막내딸의 마음을 진작에 알아본 아버지가 올라갈 때 가져가라고 새벽에 준비해 놓은 것이다. 탐스러운 모란꽃과 석류나무의 꽃과 열매, 그리고 고요와 선비라는 단어가 떠오르는 배롱나무를 사랑한 아버지는 식물에 애착하는 내 마음을 누구보다 잘 알았다.

 그러니까 이 찔레꽃은 친정아버지의 잔잔한 정이 가득한 마음 씀씀이로 우리 집에 오게 된 거다. 새소리만이 가득한 산기슭에서 도시의 열악한 베란다로.

 그날부터 나는 베란다에서 찔레꽃 한 송이 피우는 행복을 꿈꾸었다.

 한 송이만으로도 베란다에 찔레꽃 향기 가득하겠지.

 그런데 십 년이 넘어가지만 아직까지 꽃 한 송이 보지 못했다. 그래도 괜찮다. 죽지 않고 잘 살아 있는 것만으로도 좋고,

여전히 나는 찔레꽃 한 송이 피우는 꿈을 포기하지 않았으니까. 무성한 초록 이파리들 사이에 하얀 찔레꽃 한 송이를 상상으로 즐기는 것도 꽤 괜찮다.

도심 곳곳에 화려하게 피어나는 빨간 장미꽃과 비슷한 시기에 피어나는 하얀 찔레꽃. 나는 화려한 장미꽃보다 소박한 찔레꽃을 더 좋아한다. 왜일까?
찔레꽃 앞에 서면 마음이 뭉근하게 풀어지는 게 그냥 마음이 편안해진다. 그건 또 왜일까?
찔레꽃을 앞에 두고 조약돌이 그리는 물수제비처럼 생각이 잔물결로 펼쳐나간다. 오랜 세월 중심보다는 가장자리의 삶을 살아온 것과 깊은 관련이 있을 듯싶다.
내향적인 성격 탓에 앞에 나서지 못하니 점점 주변부로 밀려나게 되고, 동시에 사람들의 관심도 덜 받게 되니 혼자만의 시간이 길어지게 되었다. 혼자만의 긴 시간은 자연스레 자기비하나 열등감, 우울감 같은 것을 데려오니 얼마간은 정신적으로 힘듦이 있는 것도 사실이다. 그러나 혼자만의 시간에 혼자서 꽁냥꽁냥 할 수 있는 놀이와 깊은 고민들이 있었으니 그런 감정들은 어느 정도 통제가 가능했다. 특히 혼자만의 시간에 최적의 놀이인 책읽기는 가장자리의 쓸쓸함에 큰 기둥이 되어주었다.

그리하여 적당한 쓸쓸함과 우울감과 열등감을 품은 가장자리는 내 몸에 딱 맞는 가장자리의 삶이 되었다. 그러니 찔레꽃 앞에서 가장자리의 공간과 그 느낌과 분위기가 내 몸에 딱 맞는 옷처럼 편안한 것은 너무도 자연스러운 일이다. 그리고 무엇보다 가장자리의 삶에서 좋은 것은 중심에서 돌아가는 일이 어떤 관심이나 방해받을 일 없으니 더 잘 보인다는 것이다. 스포트라이트를 받는 중심에서 비켜나 있음이 아주 유용한 쓸모가 되는 셈이다.

그러니까 소박해서 더 좋아하는 찔레꽃아,
더도 말고 덜도 말고 딱 한 송이만 피워줄래?

―― 애도의 선물로
찾아온 인연

_마오리 소포라

아카시꽃 향기가 흥건하던 더없이 좋은 날에 아버지를 영원히 떠나보내고 나는 골방에 처박혀 보냈다. 보냈다기보다는 견디는 시간이었다. 죽음과 애도에 관한 책을 수없이 읽었지만 막상 내 앞에 닥치고 보니 속수무책이었다.

더디게 가는 시간을 견디며 아버지 사십구재까지 지내고 나서 오랜만에 아래층에 사는 언니를 만났다. 이미 늦었지만 더 늦어지면 서운해할까 봐, 그동안 아버지 장례를 치렀노라고 했다. 순간 언니의 큰 눈이 촉촉해지더니 의자를 가까이 끌어당기며 두 손으로 내 손을 가만히 감싸 안았다.

"……."

"그리 큰일을 치렀구나."
"……."

 볼 일을 마치고 밥때가 되어 점심을 먹고 났을 때 언니는 별일 없으면 함께 갈 데가 있다고 했다. 사고 싶은 식물이 하나 있는데 수형을 좀 봐달라며 바람도 쐴 겸 화원에 같이 가자고 했다. 식물이라는 말에 흔쾌히 따라나선 길, 차창으로 보이는 낮은 지붕의 마을과 논두렁 풍경에 마음이 곧 해사해졌다.
 언니가 사고 싶었던 식물은 나 때문에 알게 되어 고맙다며 언젠가 밥까지 사며 좋아라 했던 마오리 소포라였다. 오랜 시간 요리조리 꼼꼼히 살펴서 드디어 고른 그 마오리 소포라는 우리 집에 와 있다. 두 번째로 고른 건 언니가 데려갔다.
 언니의 사려 깊은 위로와 애도의 선물, 따뜻한 이야기를 품은 작은 나무, 마오리 소포라.
 이제 막 돋아난 새싹처럼 자그마한 이파리가 무척이나 귀엽다. 특이하게 지그재그로 오밀조밀 자라나는 줄기는 소포라가 선(線)을 즐기는 나무라는 걸 확실하게 각인하는데, 그 지점이 바로 소포라에 유혹되는 결정적인 이유다. 소포라를 가만히 들여다보고 있으니 아버지가 과실나무 외에 유일하게 좋아하셨던 배롱나무를 닮은 듯도 하다.

올해 처음으로 우리 집에서 겨울을 나게 될 마오라 소포라 때문에 나는 늦가을부터 마음을 졸였다. 이야기를 품은 식물이니 더 각별한 마음이었다. 기온이 내려가면서 이파리가 누렇게 되고, 누런 이파리는 우수수 떨어지고 그나마도 줄기 하나는 우리 집 채식 지향 고양이 레오가 날름 훑어 먹어버렸다.

예민한 이 아이를 어쩐다지?

오전이면 해를 따라다니며 옮겨주고, 흐린 날에는 실내등을 켜고 선풍기로 산들바람 강속의 바람을 쏘여 주었다. 영양제도 한 피스 먹이고. 그러고 두 달쯤 지났을까.

노랑을 품은 연둣빛 싹이 나오기 시작했다.

히야! 이제 됐어. 드디어 생기를 찾았구나.

내 몸에 싱싱한 세포 하나가 생긴 것만 같았다. 내 간절한 마음에 반응해준 소포라, 그저 고마웠다.

아니지. 오히려 소포라가 나에게 고미워하지 않을까?

적절한 때를 넘겨 이미 엎질러진 물이 되지 않도록 예민하게 알아차린 내 마음결에 대해서 말이야. 식물이나 사람이나 회복하기 적절한 때를 예민하게 알아차려야 하는 법이니까.

이 엄동설한에 연둣빛 새순을 바라보는 일에 하염없이 시간을 쓰고 있다. 더불어 내 마음도 서서히 회복되어 가고 있다.

── 향기로운 빛깔
모과책방을 꿈꾸다

_모과나무

　책모임에 한 선배가 마당에서 직접 딴 모과를 가지고 왔다.
　"아, 모과!"
　그러면서 우리는 시끌벅적 모과를 나누었다.
　선배의 모과나눔은 당연할 정도로 자연스럽다. 작년을 빼곤 매년 가을이면 그랬으니까. 생각난 김에 당당하게도 물었다.
　그 많은 모과를 작년에는 어찌했느냐고? 가으내 이제나저제나 기다리고 있었는데 모과 이야기가 없어서 마음이 좀 허전했노라고. 모과 향 없는 가을은 영 가을답지 않았노라고.
　작년에는 모과나무가 해거리라 열리지 않았다고 했다.
　아, 해거리였구나.
　우리는 선배의 마당 이야기에 친숙하다. 이른 봄 마당 한 편에 피어난 매화꽃 향기를 전하면 상상으로 느끼며 함께 행복해

한다.

  한 번은 부엉이가 마당에 날아들었다는, 아주 가까운 거리에서 부엉이를 목격한 그 경이로운 광경을 들으며 『부엉이와 보름달』이라는 그림책을 이야기했다.

  시시때때로 마당에서 자라는 식물과 채소들 이야기도 듣는다. 선배에게 마당이 있어서 좋다. 그 마당에 모과나무가 있어서 더욱 좋다. 가을이면 모과나무 이야기를 들으면서 행복해진다. 나에게 마당이 없어도, 모과나무가 없어도 괜찮다. 모과나무 이야기를 재미나게 들려줄 사람이 있으니까. 그런 사람이 있다는 것이 그렇게나 좋다. 마루에 놓인 모과를 바라보면 더욱 그렇다.

  고목에 연둣빛 싹을 틔우다 어느새 초록으로 짙어지며 연분홍 꽃을 피워내고, 어느새 연둣빛 작은 열매를 맺고 주먹만 한 크기로 자라기까지 선배의 따듯한 눈빛과 감탄을 얼마나 많이 받았을까. 마트에서 사 온 모과와는 확연히 다르다.

  선배가 나눠 준 모과로는 아까워서 모과청은 못 만들겠다. 마루에 놓아두고 눈으로 마음으로 쓰다듬으며 오래 즐기고 싶다.

  울퉁불퉁 못생겨서 '어물전 망신은 꼴뚜기가 시키고, 과일전 망신은 모과가 시킨다'는 속담이 있다.

보통은 예로부터 전해오는 속담이 어쩜 그리도 절묘한지 고개를 끄덕이게 되는데 모과에 관한 속담만큼은 동의하기 어렵다. 울퉁불퉁해서 더 정감 가는 모양. 아무리 봐도 질리지 않는 저 모과 빛깔.

노란 빛깔 중에서도 가장 부드러운 따듯함과 여운을 품은 오후 네 시의 햇살 느낌이랄까. 책을 읽다가 멈춤, 하게 하는 좋은 문장 같기도 하다.

정말로 오후 네 시의 햇살이 모과와 만날 즈음, 그 앞에 쪼그려 앉아 골똘히 하게 되는 상상이 하나 있다.

선배네 마당에서 모과나무 하루 책방을 열거나 모과나무 아래서 그림책 파티를 여는 것. 상상만으로도 행복이 가슴 깊숙이 찬찬히 스민다. 선배를 잘 꼬드겨야 하는 난제가 있지만.

||||||||||||||

부엉이와 보름달
제인 욜런 글, 존 쇤헤르 그림, 박향주 역, 시공주니어

—— 쓸모없고 아름다운
채집황홀

_매실

집에 막 들어가려다 말고 좀 걷기로 했다.

목덜미를 부드럽게 휘감는 바람결에 홀린 듯 숲길로 들어선 것이다. 몇 발자국 떼지도 않았는데 기분이 한결 맑아지는 것 같다. 바람은 그저 핑계고 마음에 숲이 필요했던 건 아닐까?

깊은 밤의 고요한 산책과 달리 낮 시간의 숲에는 활기가 있다. 눈에는 초록빛이 그득그득 담기고 귀에는 온갖 새소리가 속속들이 도착한다. 잠깐 나무 의자에 앉아 휴대폰 카메라로 새소리를 녹음해본다. 각각의 새소리 주인공들을 알고 싶은 호기심이 건듯 일어난다.

온갖 새소리 중에 도드라진 까치 소리를 들으며 깊은 밤에 까치가 울지 않는 게 얼마나 다행인가 하고 생각한다. 저녁 어스름이면 어김없이 우는 소쩍새를 밤에 배치한 자연의 섭리가 얼마나 경이로운지! 고요함과 슬픔의 정조를 자아내는 소쩍새는 밤 산책의 내 소중한 친구니까.

나무 의자에서 일어나 습관처럼 엉덩이를 털고 다시 걸음을 천천히 옮겨본다.

아, 저만치 내가 좋아하는 떡갈나무가 보인다.

환영의 인사처럼 거인 손바닥 같은 널따란 이파리를 살살 흔들고 있다. 이파리 가장자리가 물결처럼 구불구불한 게 멋스러워 마음에도 물결이 일게 하는 떡갈나무. 그 옆에 비슷한 신갈나무와 갈참나무까지 함께 서 있다. 자주 헷갈리곤 하는 참나무과 나무들인데, 이리 모여 있으니 생태 공부하기에 그만이다. 혼자서 야무지게 참나무 공부를 하고 뿌듯한 마음으로 또 걸음을 내디딘다. 미세먼지 없는 파란 하늘과 부드러운 바람, 그리고 초록 이파리에 내려앉은 햇살, 나보다 더 느리게 어슬렁거리는 길고양이들. 걷기에 완벽한 조건이다.

앗, 이 달큰한 냄새는 뭐지?

산책 나온 강아지마냥 냄새를 좇아 주위를 두리번거리다 그 정체를 찾아냈다.

매실이다.

이른 봄이면 가장 먼저 우아한 꽃을 보여주는 나의 은밀한 매화나무. 벌레가 먹었거나 바람 때문에 다른 열매들보다 조금 일찍 떨어진, 그래서 조금 안쓰럽기도 한. 하지만 황금빛으로 익어가는 빛깔이 곱기도 하거니와 아주 잘 익은 복숭아의 달큰한 냄새로 금세 입에 침이 고인다. 반사적으로 두 손 가득 매실을 줍는다. 집으로 오는데 고운 빛깔과 달큰함이 마음까지 물들인다. 이럴 때 딱 들어맞는 표현이 있다.

'채집황홀'이라고 에마 미첼의 『야생의 위로』에서 주워 담은 말이다.

> 바닷가에서 파도에 깎여 둥글어진 유리조각이나 조개껍질을 모으듯이 화사한 낙엽을 모으고 싶은 본능적 욕망에 못 이겨 나는 몇 장을 주워 집으로 가져온다. 인간이 새로운 환경을 탐험하고 자원을 찾아 나서면 도파민이라는 뇌 신경전달물질이 분비되어 일시적인 흥분을 느끼게 한다. 소위 '채집황홀'이라는 것이다.
>
> – 『야생의 위로』 중에서

바닥에 나뒹굴던, 쓸모없어질 매실이 우리 집 부엌 창가에서 더 노오랗게, 더 달큰하게 익어가고 있다. 아름다움의 쓸모로 나에게 찾아온 일상의 발견된 선물이다.

일주일은 족히 '채집황홀'에 젖어 있을 수 있겠다. 아니, 아름다운 모습을 글과 사진으로 담았으니 영원히 가슴에 남으리라.

야생의 위로

에마 미첼 저, 신소희 역, 심심

─── 올해 수확한 첫
　　나뭇잎 한 장

_아기벚나무

화분에 물을 주다 보니 곱게 물든 나뭇잎 한 장이 떨어져 있다.

어느 비 오는 봄날로 기억된다. 어쩐 일인지 벚나무 밑을 서성이다 아기벚나무 하나를 데려왔는데 가을이면 곱게 물이 든다. 바로 그 아기벚나무 잎사귀다. 아직 어려 꽃을 피우지 못하나 저물녘 석양빛으로 물든 모습을 보기 위해 해마다 1년을 기꺼이 기다린다. 그러니 다홍 빛깔의 나뭇잎이 나에게는 꽃이고 열매요, 수확인 셈이다.

병이 들어 이른 시기에 물이 들고 수피에서 떨어져나온 나뭇잎 한 장을 책갈피에 누이고 애틋한 마음으로 찰칵! 프레임에 담는다. 때마침 오후 다섯 시의 설핏한 햇살이 마법처럼 나뭇잎 위에 떨어져 다하지 못한 다홍빛을 환하게 밝힌다.

그리고 얼마 후, 가을의 절정을 살짝 비켜선 지금 밖은 온통 나뭇잎 세상, 낙엽이 융단처럼 깔려 있다. 바스락 바스락, 나뭇잎을 밟지 않고는 걷기가 힘들 정도다. 산책길에 호젓하게 즐기면서 걷고 있다.

우리 집에는 오늘내일하는, 아쉽고 아쉬운 마지막 나뭇잎 하나가 나를 위해 안간힘을 쓰고 있다.

마지막 잎새를 즐기는 시간이다.

곱게 물든 아기벚나무의 마지막 잎새, 그 한 잎 떨구고 나면 나는 또 1년을 기다린다.

─ 행복의
이모작

_담쟁이덩굴

3년 전인가, 2월의 스산한 어느 날이었던 것 같다. 어슬렁어슬렁 걷다가 삭정이 같은 담쟁이덩굴 두세 가지를 꺾어와 빈 화분에 툭 꽂아두었다. 혹시나 하는 마음으로. 생각나면 가끔씩 물을 주었다. 때로는 물 주는 걸 한참 동안 잊기도 했다.

얼마간 시간이 흘렀을까. 삭정이 같은 줄기에서 여리디여린 초록잎이 올라오는 게 아닌가. 각시붓꽃 꽃봉오리처럼, 뾰족뾰족. 돌돌 말린 이파리는 베란다 창문 너머 햇살을 받아 넓은 잎을 펼치며 금세 쭉쭉 뻗어 나갔다. 바깥의 담쟁이는 4월인데도 여태 마른 나뭇가지인 채로 죽은 듯 자고 있는데 말이다.

온통 초록빛 세상인 9월 즈음, 우리 집 담쟁이덩굴은 붉게 물이 들었다. 집안에서 담쟁이 붉은 빛깔을 즐기는 기쁨이라니!

담쟁이덩굴에게도 평균 수명이란 게 있나 보다. 생을 일찍 시작한 딱 그만큼의 시간을 일찍 마무리하는 담쟁이덩굴의 생애 비밀이랄까? 올해는 조금 더 특별한 기쁨을 누렸다. 담쟁이덩굴의 비밀 하나를 더 알게 되었다.

일찌감치 단풍 든 잎을 떨구고 추레하게 늘어진 가지를 싹둑싹둑 이발해주었더니, 얼마 지나지 않아 또 초록 이파리를 내밀었다. 손발이 잘려 나가니 위협을 느낀 강한 생명력의 발산인가? 그러고는 서둘러 또 곱게 물이 들었다. 담쟁이덩굴의 이모작인 셈이다. 작은 식물 하나에 가을이 가득하니, 이것으로 오늘 하루치 가을이 충분하다. 오늘 하루치 행복도.

—— 마루에
고옵게
피었다

_매화

오랜만에 친정에 갔다. 쪽파를 뽑으러 마당을 지나 텃밭에 들어섰는데 텃밭 한쪽에 매화꽃이 환하다. 이끌리듯 매화나무에 뽀짝 다가서 코를 큼큼거리는데 발밑에도 매화꽃이 피었다. 잠깐 쑥 뜯으러 다녀온 사이에 오라버니가 뒤늦은 가지치기를 했나 보다.

쪼그려 앉아 꽃망울이 다보록한 가지들을 조심스레 그러모았다. 매화향을 가득 안고 텃밭을 돌아 나오는데 저 멀리 그림 같은 호수가 누워 있다.

은근한 매화향과 호수의 고요가 썩 잘 어울린다고 생각하며 호수 바라기를 하는데 마당 저쪽이 소란스럽다. 쪽파가 함흥차사라고.

우리 집 마루에 들인 매화꽃 앞에 잠깐씩 멈춰 선다. 무심한 남편도, 바쁜 딸도, 똑같이 말한다.

"예쁘다!"

나는 속으로 생각한다.

'그윽하게 예쁘지!'

친정집에서 데려온 고요한 풍경들을 지어다가 얼마간은 잘 살 수 있겠다.

—— 빈 벽의
실세를 모셨다

_실새풀

걷기는 무엇보다도 감각의 예술이다.

『걷기예찬』으로 유명한 다비드 르 브르통의 말이다. 브르통의 말대로 느릿느릿 걷기 예술을 하던 중 새로운 발견을 했다.

5월 즈음이면 쑥쑥 자라 모든 풀밭을 점령할 만큼 흔하디 흔한 풀. 모든 풀에 이름이 있을진대 한 번도 이름이 궁금하지 않았던, 그저 '풀'이란 이름이 딱 어울리는 풀. 완연한 봄날의 산책길에 눈과 가슴을 싱싱한 초록으로 물들인다.

바람이라도 한차례 훑고 지나가면 살랑살랑 흔들리는 모습이 살풋 일렁이는 초록 호수 같기도 하고 긴 생머리를 흩날리는 수줍은 소녀 같기도 하다. 그 풀이 살랑살랑 바람에 역시나 살랑살랑 흔들리는데 그렇게 멋스러울 수가! 들판의 벼와 비슷하게 생겼는데 줄기가 국숫가락보다도 더 가녀리다. 집에 돌아와 풀도감을 찾아보니 풀 이름이 '실새풀'이란다.

지금은 '5월의 갈대'라 부르는(혼자만의 생각) 실새풀의 시간. 가슴에 실새풀의 초록 물결 일렁이게 하는 바람이라도 불었나? 느닷없이 이른 아침부터 실새풀을 찾아 나섰다.

찾는 수고로움도 필요 없이 풀밭은 온통 실새풀이다. 지금이 바로 실새풀의 시간이니까. 실새풀 사이사이 냉이와 꽃마리가 제멋대로 자라 치렁치렁, 구불구불. 내가 기니? 네가 기니? 머리끄덩이 잡고 싸움하듯 엉켜있다. 그래도 제멋대로 자란 넌출넌출 줄기가 멋스럽기만 하다.

아 참, 감사의 인사를 빠뜨렸구나.

잠깐 몸과 마음을 고요히 하고 마음으로 중얼거린다.

풀밭의 요정님이여, 풀 몇 줄기 받들어 거둬갈게요.

실새풀과 꽃마리의 구불구불 줄기를 다치지 않게 꺾었다. 아침이슬에 운동화가 촉촉이 젖는 줄도 모르고 꽃다발보다 멋진 풀다발 완성!

닳고 닳은 오래된 화병에 꽂아 빈 벽 앞에 세우니 밋밋한 벽에 아취 있는 풍경이 지어졌다. 좋은 벽면을 가진 방처럼 탐나는 것은 없다던 소설가 이태준이 탐내는 벽이 될지도 모른다며 혼자 오두방정을 떨며 좋아했다.

아니지? 확실히 이태준이 탐낼 만한 좋은 벽이 되었다.

뉘 집에 가든지 좋은 벽면을 가진 방처럼 탐나는 것은 없다. 넓고 멀찍하고 광선이 간접으로 어리는, 물속처럼 고요한 벽면, 그런 벽면에 낡은 그림 한 폭 걸어놓고 혼자 앉아 있는 맛, 더러는 좋은 친구와 함께 바라보며 화제 없는 이야기로 날 어둡는 줄 모르는 맛, 그리고 가끔 다른 그림으로 갈아 걸어보는 맛, 좋은 벽은 얼마나 생활이, 인생이 의지할 수 있는 것일까!

- 『무서록』 중에서

지루한 일상에 얼마나 풍요로운 벽인가! 밋밋한 일상에 얼마나 운치 있는 비일상인가! 가난한 생활에 얼마나 의지가 되는 풍경인가!

IIIIIIIIIIIII

걷기예찬
다비드 르 브르통 저, 김화영 역, 현대문학

무서록
이태준 저, 범우사

── 나의
비밀 나무

_백합나무

    도서관 가는 길에 '나의 비밀 나무'라 부르는 보물 나무가 한 그루 있다. 가든형 숯불갈비집 너른 정원에 있는 나무인데, 주인의 허락도 없이 내 나무라 정했으니 비밀인 것이다. 내 가슴께 높이의 담장 옆에 있어 정원으로 들어가지 않아도 나무와 가까이서 눈맞춤할 수 있어 다행이다.

    도서관 문턱이 닳도록 10년 넘게 다녔으니 나무 옆을 10년은 족히 스쳤을 텐데 나무를 알아본 건 최근의 일이다. 귀한 나무는 아닌 것 같은데 그렇다고 어디서나 흔하게 볼 수 있는 나무는 아니므로 귀한 나무라 해야겠다.

    이 나무를 처음 만난 건 책벗들과 함께 북촌 한옥마을 골목길을 걷다가 우연히 들어선 중앙고등학교 교정에서였다.

나뭇잎도 다 떨군 11월 즈음이었을까. 특이한 열매를 매달고 있는 이 나무 아래서 정체 모를 나무에 대해 우리는 오래 얘기를 나누었던 것 같다. 집에 돌아와 참을 수 없는 궁금증에 이곳저곳을 뒤적거려 드디어 알아냈다. 꽃이 튤립을 닮았다 하여 튤립나무라고 부르는 백합나무였다. 꽃은 5월과 6월 사이에 피는데 백합나무의 아름다움은 꽃에 있다고.

실물로 꽃을 꼭 보고 싶은데 큰일이었다.

개화 시기를 딱 맞출 수 있을까? 또 파주에서 북촌마을 골목 끝자락에 있는 중앙고등학교까지는 어떻게 간다지? 학교 정문은 무사히 통과할 수 있을까?

백합나무 때문에 그렇게 가슴앓이하는 사이 참으로 우습게도 아주 가까이에서 발견했다. 발견한 것이 아니라 10년 동안 스쳐 지나간 나무를 그제야 알아본 것이다.

도서관 가는 익숙한 길목에 한옥마을의 중앙고등학교 교정에서 보았던 그 특이한 열매를 매달고 멋스럽게 서 있었다. 바람에 떨어진 가지 하나 주워 집에 들이니 겨우내, 그리고 봄을 지나 여름까지 마루를 특별한 공간으로 만들어 주었다.

그날 이후 나의 비밀 나무가 되어 도서관에 오갈 때마다 눈으로 마음으로 쓰다듬곤 한다.

5월이 끝나갈 무렵의 어느 날, 불현 듯 백합나무가 떠올랐다.

나는 너무 늦지 않았기를 간절히 바라며 꽃을 보러 달려갔다. 정말 튤립을 닮은 녹황색 꽃이 소담스레 피어 있었다. 손바닥 크기만 한 널따란 나뭇잎에 가려 가까이 가지 않으면 절대로 보이지 않으니 비밀스레 피어난 꽃이다. 토성의 고리처럼 꽃송이 아랫부분에 주홍 빛깔의 띠가 참 매혹적이다.

혼자 보기 아까워 가슴이 두근두근. 바로 길 건너 카페에 친한 언니가 구석 어디선가 책을 보고 있을 텐데, 백합나무를 두고 두 가지 마음이 오락가락했다. 나의 비밀 나무를 빨리 자랑하고 싶은 마음과 비밀 나무이니 영원히 혼자만 보고 싶다는 마음. 자랑한다면 꽃이 피었을 때 해야 되는데, 일단 올해는 그냥 넘어가고 내년에 생각해보기로 했다.

얼마간의 시간이 흐른 후 백합나무가 있는 곳을 한 곳 더 알게 되었는데, 책모임에서 백합나무 꽃 사진을 보여주며 백합나무가 있는 곳을 말해주니 그걸 또 받아적는 선배가 있었다. 백합나무가 있는 곳이 뭐 그리 중하다고.

가끔 또는 자주 다니는 익숙한 길목에 비밀 나무 한 그루 마음에 품은 사람이라 생각하니 어깨가 으쓱해진다. 그런데 그보다 더 좋은 것은 백합나무가 있는 곳이 어디인지 받아적는 선배가 있다는 사실이 나를 더 행복하게 한다.

겨우 존재하는 아름다운 것을 함께 나눌 사람이 있다는 게 그렇게 좋을 수가 없다.

양화소록 따라 하기

_황금조팝나무

 꽃을 무척이나 사랑한 한 사람을 알고 있다. 출근하는 시간이나 부모님의 안부를 묻는 때를 제외하면 꽃(식물)을 키우는 일로 소일했다 전하는 이미 이 세상에 존재하지 않는 사람. 나 또한 꽃과 나무를 키우는 일에 마음과 시간을 수월찮게 쏟고 있는 터라 책 속에서 만나니 무척이나 반가웠다.
 시(詩), 서(書), 화(畵)에 능해 '삼절(三絶)'이라 불리는 조선 초기의 선비 강희안이다. 우리나라에서 가장 오래된 전문 원예서 『양화소록』을 쓴 것으로 유명하다.
 조선 시대 명문가 집안의 선비가 꽃 가꾸는 일로 소일하고 그걸 또 시시콜콜 글로 남기다니! 내게는 참으로 흥미로우면서도 은밀하게 마음 가는 사람이다. 몇백 년의 시간을 통과하여 그 호젓한 기쁨을 공유하는 짜릿함이라니! 그는 『양화소록』에서,

비록 풀 한 포기의 미물이라도 그 이치를 탐구해서 근원으로 들어가면 그 지식이 두루두루 미치고 마음은 꿰뚫지 못 하는 것이 없으니 꽃을 키운다고 한다.

물론 나는 식물에게서 이치라든가, 근원이라든가, 마음을 꿰뚫는 통찰 같은 것도 깨닫지 못한다. 식물을 가꾸는 은밀한 기쁨을 공유한다고는 했지만 내가 어찌 강희안의 그 경지에 이를 수 있으랴? 그럼에도 『양화소록』 따라하기를 해보려고 한다.

'양화소록(養花小錄)'의 '꽃을 기르는 작은 이야기'라는 뜻을 충실히 따르면서.

우리 집에는 아주 작은 베란다 정원이 있다. 야생화류가 주를 이룬다. 야생화를 사전에서 찾아보면 '들에 피는 꽃'이라 나온다. 내가 말하는 야생화의 의미는 좀 다르다. 봄 여름 가을 겨울, 사계절을 오롯이 느낄 수 있는 식물을 뜻한다.

봄이면 연초록 새순이 돋아나고 여름이면 이파리가 초록으로 무성해지고 가을이면 울긋불긋 단풍이 들고 찬바람 불기 시작하면 우수수 이파리를 떨구는, 그래서 겨울 베란다는 쓸쓸하다 못해 우중충하다. 하지만 나는 그 시기를 '운치 있는 폐허'라 부른다. 그 폐허 속에서도 봄이 되면 어김없이 연초록 이파리를 틔워내는. 그러니까 자연의 이치 그대로 강물처럼 흘러가는 식물들이 바로 야생화인 셈. 그 점이 바로 내가 야생화를 가꾸는 이유이기도 하다.

 오늘은 화분에 물을 주다가 한 화분에 마음을 쏘옥 빼앗기고 말았다. 일본조팝나무의 한 종인 황금조팝나무. 요 녀석은 매화가 한두 송이 피어날 즈음, 이파리가 알록달록 황금빛으로 돋아난다. 예쁘게 물든 가을 나뭇잎 같기도 하고 꽃잎 같기도 하다. 요 녀석의 생애 중 이때가 나는 가장 아름답다. 제멋대로 이리저리 뻗어 나간 자유로운 가지에 마디마디 도틈도틈 피어난 황금빛 어린 순. 나는 마음을 어쩌지 못해 고 녀석을 들고 마루로 들어온다.

 하얀 벽 앞에 두고 보니 작품이다. 고졸한 멋스러움이 한껏 묻어난다. 덩달아 내 마음도 고요해진다(작은 방에선 우리 집 고양이 레오가 시끄럽게 냐옹거린다. '예술'하는 데 방해돼서 잠깐 가두었더니 꺼내 달라고 아우성이다. 레오야, 미안하지만 조금만 더 참아주라옹). 황금조팝이 담긴 화분은 내가 아끼고 좋아하던 옹기 커피잔이었다. 아주 잘생긴 놈이었는데 실수로 깨지고 말았다. 버리기 아까워 조그만 돌로 틈을 메워 화분으로 쓰니 그게 또 멋스럽다.

 화분 안에 깃든 붉은 나뭇잎 한 장에 눈길이 간다.

 뭐지?

 3월인데도 빨간 이파리를 잔뜩 껴안고 있던 남천이 아까워하며 붉은 잎 한 장을 간신히 날려 보낸 것이다.

키 큰 남천 밑에 있다 보니 받게 된 우연의 선물이다!

올겨울 혹독한 추위에도 온기 하나 없는 베란다에서 잘 견뎌 낸 황금조팝 요 녀석, 참 기특하다. 아닌가? 야생화니까 그 정도 추위쯤이야 당연한 건가?

아무튼 매해 봄이면 거짓말처럼 가장 아름다운 순간을 보여주는 황금조팝,

누가 또 너의 비밀을 알고 있니?

아름다운 비밀 한 자락 가슴에 품고 나는 또, 오늘 하루 순하게 살아간다.

lllllllllllll
양화소록
강희안 저, 이종묵 역해, 아카넷

―― 시든 마음
기댈 곳은

_백화등

앗, 벌써 목요일이야?

목요일마다 시간의 빠른 흐름을 구체적으로 실감한다. 목요일마다 돌아오는 쓰레기 분리수거 때문이다.

앗, 오늘이 금요일이야? 곧 주말이네.

금요일에 또 한 번 시간의 흐름을 실감하게 된다. 바로 어제 월요일이었던 것 같은데 하면서 머리만 긁적긁적. 게을러져도 불안하지 않은 주말이 기쁘지 않은 것은 아니나, 야속하게도 또 다른 감정 하나가 비아냥대며 스멀스멀 올라오는 것이다.

그래, 일주일 동안 한 일이 뭔데?

일주일 동안 한 일이라곤 허둥거림뿐이다.

그렇다고 뭐? 어쩔래? 그게 뭐 어쨌다고?

큰소리쳐 보지만 곧 풀이 죽고 만다. 작은 용기를 내어 시간이 너무 빨리 흘렀을 뿐이라고 투덜거려본다. 옛 어른들 말씀에 나이가 들어 돌아서면 훌쩍 일 년이라 하던데, 내가 지금 '그 나이'에 당도해 있는 걸까?

아니지, 아니지. 나는 정말 이쁜 나이잖아. 얼마 전 산책길에 구십 넘은 허리 구부정한 할머니가 옆을 지나가며 그랬어.

"하이고, 정말 이쁠 때다."

내 귀를 의심하며 주위를 두리번거렸지만 그 산책길에는 할머니와 나, 둘뿐이었다. 그러니까 나는 정말 이쁠 때 나이임이 분명하다. 그러니 우선 이를 좀 닦고 이쁜 나이의 한 시절, 오늘 뭘 할지 상큼하게 생각해보는 거다.

화장실 문을 열자 갇혀 있던 백화등 향기가 얼굴에 훅, 끼쳐온다. 안개처럼 온 몸을 감싼다. 취할 정도의 진한 향기다.

올해 처음으로 월동을 위해 들여놓았는데 연초록 이파리가 나오고 때아닌 꽃까지 피웠다.

다섯 개의 하얀 꽃잎이 바람개비 모양으로 피어나는데 시간이 좀 지나면 하얀 꽃잎이 담황색으로 변하면서 흰색과 담황색이 뒤섞이게 된다. 처음부터 그리 피어난 것처럼 참으로 오묘하게 조화롭다.

실내로 들여온 백화등은 온도와 습도가 적절한 화장실에 있다가 가끔은 안방 창가에 있다가 햇볕이 좋은 날에는 베란다에 잠깐 두기도 한다. 화장실에 있을 때는 시시때때로 보슬보슬 봄비처럼 스프레이로 물을 뿌려주곤 한다.

 하릴없이 백화등 앞에 쪼그려 앉아 한참을 바라보는 때도 허다하다. 나를 잃어버리는 시간이자 마음이 기뻐하는 시간이다. 아무래도 오늘은 나를 잃어버리는 시간을 좀 더 길게 늘여보기로 한다.

 백화등의 아름다운 시간을 비끄러매기 위해 카메라 렌즈를 가져다 대니 프레임 안의 백화등은 고즈넉하게 우아하다. 실물과는 다른 결로 또 아름답다.

 백화등을 프레임에 담느라 오래오래 들여다보는 사이 아침부터 시들었던 내 마음이 싱싱하게 되살아난다. 백화등 사진을 예술작품 같다며 노트북 바탕화면에 까는데 마음이 백화등 꽃처럼 환해진다. 나를 잃어버리고 비스듬히 기댈 백화등이 있어 참 다행이다 싶은 오늘 하루다.

―― 지금은 진분홍
시간이에요

_접시꽃

 누군가는 '뫼르소의 시간'이니 '니체의 시간'이니 하지만, 나는 언제부턴가 꽃 뒤에 시간을 붙이는 습관이 생겼다. 이를테면 이런 식이다. 봄까치꽃의 시간, 찔레꽃의 시간, 인동초의 시간, 모란꽃의 시간, 으아리꽃의 시간, 수수꽃다리의 시간, 도라지꽃의 시간, 지칭개의 시간, 분꽃의 시간, 산국의 시간.
 한창 아름답게 피어있는 절정 속의 꽃에 시간을 붙여 잠깐이나마 그 꽃으로 인해 쉼의 시간을 가졌으면 하는 마음에서다. 그렇다고 한창 흐드러지게 피어있는 모든 꽃에 시간을 붙이지는 않는다. 그러니까 아무 꽃에나 붙이지는 않는다는 뜻이다.
 마음이 직관적으로 하는 일인데, 찬찬히 살펴보면 기준이 전혀 없는 것도 아니다. 대충의 기준이 이러하다.
 흔한 듯 하지만 조금이라도 마음을 기울여야 눈에 들어오는,

그래서 마음에 미세하나마 파문을 일으켜 가슴에 서정이 깃들게 하는 꽃이어야 한다. 그런 것들은 대체 어떤 꽃들인가? 그것 또한 직관이 하는 일이다.

지금은 6월이고, 접시꽃의 시간이다. 그러니 내 손 안의 휴대폰에 박혀 있던 시선을 풍경 속에 두면 심심치 않게 접시꽃을 만날 수 있다. 커다란 꽃송이보다는 자잘한 꽃을 더 좋아하지만, 웬일인지 접시꽃만은 예외다.

대책 없이 그냥 좋다. 가슴에 폭 안기는 접시꽃에 속수무책 마음이 뭉근하게 풀어져버린다. 접시꽃만 보면 어느새 나는 어느 시골 마을 고샅길을 기웃거리며 사부작사부작 걷고 있다. 길모퉁이 어딘가에 분명 접시꽃 두세 그루는 서 있을 그런 고샅길 말이다. 접시꽃이 대책 없이 그냥 좋다고 했지만, 접시꽃이 데려오는 정서 때문이 아닐까? 가만 생각해본다. 정겨움이라든가 희미한 그리움이랄지, 어떤 애틋함 같은 것.

그도 그럴 것이 접시꽃은 잘 가꾸어진 정원보다는 마을 어귀나 대문 앞, 길가 또는 담장 안쪽과 바깥쪽에서 볼 수 있다. 마을 어귀나 대문 안으로 들어서는 사람을 환한 빛깔로 마중 나온 것만 같아 정겹고, 그럴 때 접시꽃은 가장 아름답다.

6월의 어느 느지막한 오후, 나는 접시꽃을 만나러 집을 나섰다. 차를 타고 가다 우연히 봐 둔 곳인데, 시골집 마당 입구에 다보록이 피어난 진분홍 접시꽃이 어찌나 매혹적이던지. 그림책 『넉 점 반』의 아기가 입은 치마, 바로 그 빛깔이었다.

저만치 보이는 접시꽃에 입맛을 다시며 다가서는데 난데없이 검정개가 사납게 짖으며 나를 향해 달려왔다. 붉은 혀를 길게 늘이고 침까지 질질 흘리며. 주변에는 사람 그림자라곤 없는 아주 한적한 마을이라 더 무서웠다. 나는 생각할 겨를도 없이 걸음아 날 살려라 냅다 뛰어 도망쳤다. 집에 와서 생각하니 심하게 흔들리던 검정개의 꼬리가 그제서야 보였다. 혹시 내가 너무 반가워서 뛰어왔던 건 아닐까?

그리고 며칠 후, 그래도 진분홍 접시꽃을 포기할 수 없어 다시 찾아갔다. 주위를 경계하듯 기웃거리면서 조심조심 발걸음을 옮겼다.

이번에는 동네 개들이 여기저기서 짖어대기 시작했다. 온 동네가 떠나갈 듯 시끄럽게. 집 안에 묶여 있는지 개들의 모습은 보이지 않았다. 두리번거리다 묶인 채로 짖고 있는 며칠 전의 검정개를 발견하고는 다행이다 싶었는데, 어디선가 털이 덥수룩한 강아지가 갑자기 다가오며 짖어댔다.

또 도망가야 하나, 주춤거리며 서 있는데 접시꽃 마당의 주인인 듯한 할머니가 이층 창문을 열고 무슨 일인지 물었다.

"요기 접시꽃이 너무 예뻐서 사진 좀 찍으려 하는데요. 강아지가 무서워요."

접시꽃이 예쁘다는 말에 기분이 좋아진 걸까? 할머니 목소리가 좀 전보다 한결 부드러워졌고, 하얀 러닝셔츠 차림으로 강아지를 쫓으며 계단을 바삐 내려왔다. 사진을 다 찍을 때까지 강아지가 내 옆으로 오지 못하도록 강아지를 다독이며 나를 지켜 주었다.

"왜? 잘 안 나와? 요새 비가 안 와서 벨라 안 이뻐. 아침에는 쪼까 괜찮은께 낼 아침에 와서 찍어요."
"지금도 충분히 예뻐요. 할머니, 저는 진분홍 접시꽃을 제일 좋아해요."
"그라제. 나도 그려."

할머니 덕분에 무사히(?) 접시꽃을 잘 담아 왔다. 가을 즈음엔 접시꽃 씨앗을 받으러 가야 하는데….

||||||||||||
넉 점 반
윤석중 글, 이영경 그림, 창비

오늘 참
예쁜 것을
보았네

_사광이아재비

어디서 날아왔을까?
베란다 화분에 갑자기 돋아난 여리디여린 새싹 하나.
나는 한눈에 알아봤다.
사광이아재비.
아니, 지영 시인님이 붙여준 이름, 세모 손바닥.

지지대를 세워줬다.
위로 위로 올라가는 덩굴식물이라 그걸로는 부족했다.
가녀린 실로 길을 내주니 졸졸졸 졸졸졸 잘도 따라간다.

잎자루가 가늘고 길어
슬쩍 부는 바람에도 살랑살랑, 슬렁슬렁,
세모 손바닥을 흔들어댄다.
은사시나무처럼.
이태리포플러처럼.

세모 손바닥에도 가을이 내리기 시작했다.
이파리는 곱게 물들어가고,
오종종 귀여운 열매는
신비로운 빛깔로 익어가는 중이다.

저 신비로운 열매는 에메랄드빛인가, 비췻빛인가?
사람이 창조했다는 디자인과 이름 붙여 쓰고 있는
빛깔 대부분이 실은 자연에서 왔음을 다시금 깨닫는다.

가을이면 곱게 물드는 세모 모양의 이파리와
매혹적인 열매 때문에
은밀히 좋아하는 사광이아재비를 보면서
고요히,
지극한 아름다움을 빚어내는 자연에
또 한 번 겸손과 감사의 마음을 갖게 되는 오늘이다.

믹스커피식
인연

_아그배나무

달달한 믹스커피식으로 시작하는 하루.
그 커피가 똑 떨어졌다.
마음은 안절부절.

커피 사러 가야지.

장바구니 들고, 우산 들고, 가슴에 카메라 품고.
몇 걸음 못 뗐는데
주인공들이 기다리고 있다.

이름도 귀여운 아그배나무 세 그루.

어째 이런 일이 다 있다니!

하나는 빨갛게, 또 하나는 주홍빛으로,
다른 하나는 노오랗게 익었다. 단풍처럼 물들었구나.

똑같은 아그배나무,
덩치도 비슷하고, 같은 장소에 있는데 말이야.
같은 엄마 뱃속에서 나왔지만
너무 다른 세 자매 같단 말이지.
가을비를 머금어 더 눈부시구나.

알겠다.
너희를 만나려고 커피가 똑 떨어진 거였구나.

3부 비정규의 시간

뜨겁고 고요한

어떤 것의

중력

마흔이 넘어 겨우 찾아낸 내가 좋아하는 일, 읽고 쓰는 삶을
지켜내기 위해 사이사이 아르바이트를 했다.
생애 최초의 살인적인 육체노동 속에서
투명 인간으로 살아본 그 시간은
삶을 옥죄는 헛것을 지우고 나를 단단하게 만들었다.
그리고 무엇보다 내 마음속에
겸손이란 단어를 소중히 기르게 해 주었다.

―― 어찌나 극적인지
아름답기까지 했다

어제부터 읽기 시작한 리베카 솔닛의 『길 잃기 안내서』를 아침부터 읽고 있었다. 얼마 전에 같은 작가의 『멀고도 가까운』을 읽으면서 불친절한 글쓰기가 불편했음에도 나는 또 어찌하여 이 책을 펼쳤을까? 유혹적인 제목에 포로가 되었던 걸까?

산책을 나섰다가 반듯한 길보다는 구불구불한 오솔길, 보통은 걸어가 보고 싶지 않은 길로 들어서듯, 가시거리 10미터의 두터운 안개처럼 불안만이 가득한 중년의 나이에 '길 잃기 안내자'라는 리베카 솔닛에게 설득당할 수 있을까? 하는 호기심으로 펼쳤는지도 모르겠다.

길을 잃는다는 것은 무엇이며 왜 길을 잃어야 하는지를 시작으로 이 책은 길 잃기와 같은 맥락인 방랑, 탐험, 모험, 그리고 아주 독특하게도 푸름으로 물들어 있다. 나는 여전히 리베카 솔닛의 글쓰기에 익숙지 않아 읽는 내내 책 속에서 길을 잃었다. 인내심이 극에 달해 이제 덮어야지 할 즈음 앗, 이런 표현이라니! 어디에서도 본 적 없는 표현에 감탄하며 다시 읽기를 시도했다.

얼마쯤 시간이 지나 다시 길을 잃고 진짜 덮어야지 할 즈음 '먼 곳의 푸름'을 만나고 말았다. 오래전, 프랑스 화가 이브 클랭의 파랑을 보고 잘 알지도 못하면서 푹 빠져들었던 그 푸름이다. 마음속 깊숙이 강하게 끌어당기는 그 신비로움의 색. 이브 클랭의 그 파랑을 '먼 곳의 푸름'이라는 아주 매력적인 표현으로 리베카 솔닛이 얘기하는 게 아닌가. 나는 먼 곳의 푸름에 흠뻑 젖어 행복해하고 있었다.

그때, 그러니까 아침 7시 35분쯤, 전화벨이 울렸다. 발신을 보고 나는 바로 전화의 용건을 알아차렸다. 예상대로 오늘 일 나올 수 있냐는 물음이었다. 1초의 망설임도 없이 나는 기쁘게 그러겠노라고 했다. 오늘 일이란 책 물류창고에서 책 유통에 관한 잡일을 하는 것이다. 서둘러 '먼 곳의 푸름'을 거두어들이고 몸과 마음을 태엽 감듯이 현실 감각으로 빠르게 되돌렸다. 그러고는 편한 작업복 차림으로 현관문을 씩씩하게 나섰다. 일당 알바의 첫날이 시작되었다.

생애 처음 몸으로 하는 일이 시작된 것이다. 오래전부터 마음을 단련시켜왔기에 감정은 그런대로 담담했다. 그런데 양 볼을 타고 눈물이 또르르 굴러내렸다. 감정이 거세된 싱거운 눈물이었으니 이내 멈추었다. 감정의 지지를 받지 못하니 뜨겁지도 않은 미적지근한 눈물이었다. 일당 알바는 내가 좋아하는 일을 계속하기 위한 나의 선택이었다. 그러니 몸이 잘 버텨주기를 간절히 바랄 뿐이다. 먼 곳의 푸름과 생애 첫 일당 알바의 조우라니, 어찌나 극적인지 아름답기까지 했다.

『길 잃기 안내서』를 읽기 시작한 지 이틀 만에 찾아온 일당 알바도 어쩐지 예사롭지 않아 보인다. 조금 늦었다고 돌려보낼까 봐 가슴 졸이며, 한편으로 이 생각 저 생각에 흘러다니다 보니 거대한 물류창고 앞에 도착해 있었다. 출입구가 많아 인력 담당 매니저에게 전화를 했다.

"여기 지게차들만 왔다 갔다 하는데 사람이 들어가는 길이 있다고요?"

정말 나는 길을 잃기 시작한 것일까?

||||||||||||||

길 잃기 안내서
리베카 솔닛 저, 김명남 역, 반비

멀고도 가까운
리베카 솔닛 저, 김현우 역, 반비

―― 아침을 볼 때마다
당신을 떠올릴 거야

 주말 동안 쉬면서 몸이 피곤하지 않도록 신경을 썼다. 그리고 월요일, 3일 차 물류창고 알바를 하러 갔다. 일을 시키면 간단명료하게, 그리고 애써 씩씩하게 "네."라고 대답했다. 점심시간에는 몸에 열량을 축적하는 마음으로 되도록 많이 먹었다. 그리고 내내 생각했다.
 '내일도 일이 있어야 할 텐데.'
 하루의 일이 끝나갈 무렵 매니저가 내일은 휴무라고 했다.
 '그래, 괜찮아. 화요일 하루 쉬고 수요일에 또 힘내서 하면 되지'라며 스스로를 위로했다.
 일이 있는지 없는지는 하루 전날 오후 다섯 시쯤 문자로 연락이 온다. 수요일은 알바 갈 생각으로 미리미리 집안일을 해두었다. 5시부터 초조하게 휴대폰을 들여다보는데 아무런 소식이 없었다.

'그래, 목요일에는 있겠지.'

수요일에도, 목요일에도 연락이 오지 않았다.

'이번 주는 월요일 한 번으로 끝이구나.'

혹시 매니저가 나를 잊어버린 건 아닌가 싶었다.

'문자를 보내볼까. 사람들을 수도 없이 상대하는데 그런 문자가 오히려 귀찮지 않을까. 아니야, 그래도 진심을 담은 문자는 마음에 가닿을 거야. 문자를 보내놓고 아무런 반응이 없으면 내 마음이 더 초라해지지 않을까. 무슨 소리? 초라하기는 뭐가 초라해? 오히려 얼마나 기특한 행동이야.'

목요일 저녁, 긴긴 망설임 끝에 매니저에게 문자를 보냈다.

> 수욜부터 완전 준비하고 기다렸는데 일이 없는 건가요?

물론 그 어떤 답 문자가 있을 리 없다. 그래도 괜찮다. 용기 내서 이런 문자를 보낸 내가 너무 대견하다고 스스로 마음을 토닥였다.

'절대 초라해지지 않기로 했잖아.'

금요일 아침, 신문을 보다가 어떤 책 광고 카피 문구에 시선이 머물렀다.

죽음을 생각하는 건 언제나 삶을 생각하는 일이다.

'그렇지! 항상 죽음을 생각하게 된다면 삶을 허투루 살지 않겠지.'
이런 생각 끝에 시선이 닿은 곳에는 또 이런 문구가 있었다.

죽음이 최선인 사람들의 이야기

순간 온몸이 찌릿~ 감전된 듯했다.
'이건 내 얘기잖아.'

아침에 눈 뜨기가 두려운 요즘, 사람의 생명이 유한하다는 게 얼마나 다행인가를 매 순간 지각하고 있으니. 유한한 생명을 넘어 죽음이 최선인 사람들에게 스스로 선택할 수도 있으면 참 좋겠다는 생각도 자주 하는 요즘이다.
우리 같은 사람들에게 죽음은 꽤 소중하다는 내용의 발췌문을 읽어내리다 결국 눈앞의 글자가 어룽거렸다.
'짐작되는 내용이 슬퍼서일 거야. 단지 그뿐이라고.'
그때, 슬픔을 멈추게 하는 전화벨이 울렸다. 반가운 발신이었다. 활기찬 목소리로 전화를 받았다.

"지금 올 수 있어요?"
"몇 시까지 가면 돼요?"
"9시 반까지요."
"지금 몇 신데요?"
"8시 반이요. 9시 반까지 오세요. 더 빨리 오시면 좋고요."
"네. 빨리 갈게요."

황급히 세수만 하고 헝클어진 머리에 모자를 뒤집어쓰고 총알처럼 튀어 나갔다. '더 빨리 오시면 좋고요'라는 말이 머릿속에서 맴돌았다. 자꾸 액셀을 밟은 오른쪽 발에 힘이 들어갔다.
'아 참, 아까 그 책 제목이 뭐였더라. 그래, 아침을 볼 때마다 당신을. 주말에 읽어 봐야지.'
오늘도 알바 가는 일은 너무나 극적이다. 그러다 보니 알바 가게 된 순간의 이야기만 하게 된다. 창고에서 실제 하는 일도 세세하게 쓸 수 있는 날이 오겠지.

|||||||||||||

아침을 볼 때마다 당신을 떠올릴 거야
조수경 저, 한겨레출판

── 사람 사는 거
다 같다고?

 물류창고 출입구 앞에 아름다운 버드나무 한 그루가 힘든 하루의 시작을 위로하듯 서 있다. 잠깐 발걸음을 멈추고 한껏 물오른 연초록 줄기가 내뿜는 봄기운을 들이마신다. 치렁치렁한 버드나무를 마음속에 품으며 물류창고 안으로 들어서면 바다처럼 너른 공간에 책들이 산처럼 쌓여 있다.

 인쇄소에서 뜨거운 열기가 가시자마자 이곳으로 직행한 책들이기에 잉크 냄새 또한 가득하다. 무거운 책들을 옮기느라 지게차들이 삐삐 소리를 내며 수시로 왔다 갔다 한다. 천장은 높고 철제 서가들이 즐비한 곳, 너무 넓어서 처음 오는 사람은 길을 잃기도 하는 곳, 그런 곳 사이사이에 설치된 작업대에 서서 일을 한다. 혹독하게 추운 겨울과 푹푹 찌는 여름, 두 계절만 존재하는 곳에서 벌벌 떨거나, 혹은 땀을 뻘뻘 흘리며.

무슨 일을 하느냐고?

박스 테이프로 박스를 만들고, 책이나 교구가 손상되지 않도록 뽁뽁이로 감싸고, 주문서에 맞게 상품을 구성하고, 박스를 밀봉하고, 송장을 붙이고, 반품 들어온 박스를 해체하고, 책묶음을 서가에 정리하고. 수백 개 분량이 기본이다.

박스에 테이프 붙이는 소리가 하루 종일 배경음악처럼 흐른다. 작은 상자는 찍 찌르르 찍. 조금 더 큰 상자는 찍 찌르르 찌르르 찍. 더 큰 상자는 찍 찌르르 찌르르 찌르르 찍. 박스 만들기를 하고 나면 옷에 온통 먼지투성이다. 사람들 말소리는 거의 들을 수 없고 박스 테이프 소리와 지게차 소리만이 정적을 가른다. 이 모든 일을 손이 보이지 않도록 빨리 해내야 한다. 휴식 시간이 되면 '동작 금지'처럼 모두가 일손을 멈추고 자취를 스르륵 감춘다. 누군가는 화장실에, 누군가는 비좁은 휴게실에, 누군가는 서가 사이 어딘가에 다리쉼 하듯 잠깐 엉덩이를 붙이고 앉는다.

이 모든 것에도 불구하고 가슴을 가장 서늘하게 하는 건 사람들 표정이다. 도대체 속내를 알 수 없는 무표정의 얼굴들. 뜨내기손님들이 많은 기차역이나 버스 터미널처럼 매일 새로운 얼굴의 알바들이 드나드는 곳이기 때문일까? 하루 종일 일해도 누군가와 한마디 말을 섞지 않아도 괜찮은 곳이다. 직원과 알바의 차이도 확연히 드러난다.

가장 눈에 띄는 건 직원들이 일하는 공간엔 난로가 있다는 것. 알바들은 조금의 온기도 없이 한겨울에도 두툼한 옷에 의지할 뿐이다. 직원과 알바 사이에 일 지시 외에는 말 섞음도 거의 없다. 알바는 그저 지시하는 일을 묵묵히, 그러나 아주 민첩하게 해내면 그만이다. 물류창고에선 휴식시간이 아닌 이상 여유 시간이란 있을 수 없다. 무슨 일이든 계속해야 한다.

한번은 내게 주어진 일을 마치고 어찌해야 할지 몰라 서성대고 있을 때, 조장이 대걸레로 빈 서가를 닦으라고 했다. 나름 쉬운 일이라 생각하며 기쁘게 대걸레질을 했다.
'아, 오늘은 청소일도 해보네.'
그때 마침 여직원 몇 명이 수런거리며 내 옆을 스윽 지나쳐 갔다. 목에 직원 카드를 매달고 정장 스타일의 복장을 하고 또각또각 멀어져가는 구두 소리. 순간 나는 잠깐, 아주 잠깐이지만 투명인간이 된 느낌이었다. 그동안 내가 지나쳐왔던 수많은 미화원들이 떠올랐다. 그분들은 매일매일 이런 감정이었을까? 내 감정이 호들갑을 떤 걸까?

조금 많이 슬퍼졌다. 나 때문이 아니라 봄, 가을이 없는 회색빛 공간에서 따뜻한 대화 없이 무표정으로 오랫동안 일해 온 사람들을 생각하니 그랬다.

일당 알바를 시작하기 전 일이다. 20여 년 만에 초등학교 친구와 통화를 하게 되었다. 내가 어떻게 살고 있는 지 무척이나 궁금했었노라고 말하는 친구에게 나는 의심 없이 말했다.

"사람 사는 거 다 똑같지 뭐. 궁금할 게 뭐 있니?"

물류창고에 서 있는 지금, 나는 확신에 차서 말했던 그 말을 주워 담고 싶다. 사람 사는 거 다 똑같다고. 다들 그렇게 산다고. 이런 나의 생각은 어떻게 나의 머릿속으로 흘러들어왔을까? 도대체 어떻게 나의 생각이 되었을까?

나는 이제 그렇게 말할 수 없다. 사람 사는 거 똑같지 않았다. 다들 그렇게 산다는 말은 크게 잘못되었다. 여기서 하게 된 가장 큰 깨우침이 아닐까 싶다.

잠깐 괴테 이야기를 하려고 한다. 괴테가 그렇게도 갈망하던 이탈리아 여행을 감행하고 썼던 『이탈리아 여행기』에서 괴테는 위대한 것, 아름다운 것을 기꺼이 존경하려는 마음이 가득해 보인다. 그런 그에게 행복이란 위대한 것, 아름다운 것과 매일매일 접촉하면서 사는 삶이다. 역으로 그런 삶은 행복할 수밖에 없다. 아름다운 것을 자주 만나게 되면 마음은 너그러워지고 생각이 여유로워져 삶 자체가 풍요로울 테니.

그런데 매일매일 아름다운 것과 접촉하면서 사는 사람이 얼마나 될까? 내가 물류창고에서 일하며 가장 염려했던 부분이 바로 마음이었다. 워낙 힘든 일이라 몸이 힘든 건 말할 것도 없지만, 마음 또한 피폐해지게 될까 봐.

어느 날, 음식점 앞에 놓여있는 화분에 활짝 피어있는 꽃들을 보고 화들짝 놀랐다.
'이미 봄이 와 있었구나.'
추운 곳에서 일하느라 봄을 까마득히 잊고 있었다. 그러고보니 우리 집 베란다에도 봄기운이 다글다글 했다. 하얀 봄맞이꽃이 흐드러지게 피어 있고, 조팝나무 새싹도 가을 단풍처럼 울긋불긋 돋아나 있고, 작년 봄에 툭 꽂아두었던 담쟁이덩굴도 마디마디 도틈도틈 싹을 틔웠다.
'올해도 고운 단풍을 보여주려나?'
아, 참 꽃마리도 보일 듯 말 듯 하늘색 꽃을 피우고 있었다. 식물들을 둘러보며 하나하나 눈을 맞추며 촉촉하게 물을 주고 나니, 열흘간 사막처럼 메말랐던 마음이 촉촉이 젖어 들며 순해졌다. 식물이 피폐해진 마음을 회복시키는 원동력이 되었다.

생기를 되찾은 마음으로 『다들 그렇게 산다는 말은 하나도 위로가 되지 않아』라는 책을 읽었다. 요즘 내 생각과 절묘하게 맞아떨어지는 책이라는 예측과 전혀 다른 의미였다.

유방암 선고를 받고 가슴 절제 수술을 한 저자가 쓰러지고 아파하고 상처받은 순간이 오롯이 담겨 있는 이 책은 힘든 시간을 통과하고 있는 사람들에게 저자 자신이 몸소 깨달은 치유에 대해 들려준다. 그러면서 다들 그렇게 산다는 말은 하나도 위로가 되지 않는다고, 자신의 사전에서 그런 말은 삭제된 지 오래라고 했다.

  모든 사람이 다들 그렇게 살아도 자신은 그렇게 살지 않겠다는 의지의 표현이다. 그러니까 여기서 다들 그렇게 산다는 말은 사회적 규범이나 보통 사람들의 범주에 속하는 생활방식이나 가치관을 의미한다. 제목만 보고서 한참이나 벗어난 오해를 한 것이다.

  어쨌든 다들 그렇게 산다는 말은 틀린 말이고, 고로 하나도 위로가 되지 않음은 당연하고도 더욱 확실한 진실이다. '모든 사람은 똑같은 '현재'에 살고 있지 않다'는 철학자 에른스트 블로흐의 말을 몸으로 실감해서 얻은 씁쓸한 진실이다.

||||||||||||

이탈리아 여행기
요한 볼프강 폰 괴테 저, 정서웅 역, 지식을만드는지식

다들 그렇게 산다는 말은 하나도 위로가 되지 않아
니콜 슈타우딩거 저, 장혜경 역, 갈매나무

사실은 나도 도망가고 싶었다

 오늘은 인력 담당 매니저가 '단행본'으로 가라고 한다. 벌써 바삐 일하고 있는 사람들이 보인다. 쭈뼛쭈뼛 다가가서 알바라고 하니 반장이라는 분, 당황하는 표정이 역력하다. 그 표정에 나 또한 당황스럽다.
 '왜 그러지? 알바가 필요하지 않나? 쭈뼛거리는 내 태도가 마음에 안 들었나?'
 떨떠름하게 박스를 접으라 하더니 곧 돌돌이라 부르는 수레로 책 묶음을 날라 서가에 정리하라고 한다. 한 묶음에 이삼십 권의 책이 들어있다. 수레에 책 묶음을 겨우겨우 옮겨 싣고 수레를 끄는데 옴짝달싹하지 않는다. 바윗덩어리 같다. 온 체중을 실어 뒤에서 밀어보니 조금씩 움직이긴 하는데 수레 방향이 자꾸만 엉뚱한 데로 향한다. 순간 아이를 키울 때 유모차 운전도 갈지자로 하던 내 모습이 떠올랐다. 내 어깨높이의 서가에 책 묶음을 올려놓는 일 또한 만만치 않다. 그제서야 깨닫는다. 반장의 당황스러워하던 표정의 이유를. 힘쓰는 일을 시켜야 하는데 비리비리한 아줌마가 나타났으니. 그나저나 오늘은 그냥 집에 돌아가야 되나 싶다. 책 묶음을 들어 올리는 일은 1시간도 못할 것 같다. 그런 내 마음을 읽은 걸까? 반장은 쉬운 일이라며 나를 다른 작업대로 보낸다. 책싸개로 책을 싸는 쉬운 일이란다.

익히 알고 있는 책 5천 권이 쌓여 있다. 벌써 작년 출간 때부터 제목 덕분에 많은 사람들이 좋아했던, 바로 『하마터면 열심히 살 뻔했다』라는 책이다.

'아직도 잘 나가고 있나?'

최근 몇 년 사이, 인기가 있는 책은 표지를 달리하거나 책싸개로 특별판을 만드는 게 출판계의 한 유행이다. 이 책도 봄을 맞이하여 화사한 벚꽃 그림의 표지로 벚꽃 에디션을 만들었나 보다. 모서리가 삐져나오지 않도록 유의하면서 열심히 접고 있는데 청년 두 명이 온다. 나이를 물으니 친구 사이인 둘은 갓 스무 살이라 한다. 하루 같은 한 시간을 겨우 보내고 나니 15분간의 휴식 시간이다.

책더미 사이 어딘가에 엉덩이를 붙이고 잠깐 눈을 붙인다. 쉬러 간 남자애들은 휴식 시간이 끝나고 5분이 지나고 10분이 지나고 15분이 지나도 돌아오지 않는다. 도망간 거라 한다.

1시간 동안 일하면서 이건 사람이 할 짓이 아니다 싶었나?

'그래, 나도 너희들 나이라면 벌써 도망갔을 거야. 그래도 너희들은 일말의 예의를 차린답시고 휴식 시간에 감쪽같이 사라졌지. 나는 아마 일하는 사람들 앞에서 뒤도 안 돌아보고 돌아서서 나갔을 거야. 하지만 나는 그럴 수가 없어. 왜냐하면 왜냐하면 나는 엄마니까.'

다시 혼자다. 혼자서 손놀림을 빨리해 보지만 작업량은 줄지 않는다. 똑같은 동작을 오래 반복하다 보니 무거운 짐 드는 것만큼 온몸이 쑤시고 결린다.

'아, 쉬운 일이 없구나.'

하루 같은 1분들이 더디게 흘러간다. 책싸개 표지 그림에 생각이 머문다.

꽃잎이 흩날리는 벚꽃 나무 아래로 소풍을 갔나 보다. 돗자리 옆에는 자전거가 놓여 있고 남자가 고양이와 함께 음악을 들으며 여유로운 시간을 보내는 중이다. 인생의 매뉴얼대로 열심히 살다가 표준적인 인생 궤도에서 이탈하여 자신의 진짜 삶을 살고 있다는 이야기.

내가 그런 내용의 책싸개를 하고 있다는 사실이 기분을 참 묘하게 한다. 그래서일까? 살포시 내리는 눈처럼 뜬금없는 눈물이 주르륵 흘러내린다. 이 책들이 내 책이라면 어떨까? 나에게도 이런 날이 올까? 눈물은 왜 나는 걸까? 그 남자애들처럼 도망갈 수 없는 상황이라서? 설마, 그럴 리가 없다고 다독인다. 내가 여기 있는 이유는 뚜렷한 목표가 있어서니까. 그렇다면 무슨 이유로? 혹시 외로워서 아닐까?

내 책 『그림책 탱고』에 썼던 내용이 떠오른다.

> 저는 태어날 때부터 혼자서 책 읽고 혼자서 산책하는 외로움을 즐기도록 태어난 것 같습니다. 그리 생각할 만큼 '한들한들 혼자'인 것에 익숙하고 그 지점을 기쁘게 받아들이고 있으니까요.
>
> - 『그림책 탱고』 중에서

정말 나는 외로움을 지문처럼 몸에 새기고 태어난 걸까? 왜 하필 일하러 온 현장에서도 혼자 하는 일이 주어지는 걸까? 다른 사람들은 무리 지어 왁자하게 일하는 작업장에 배치되던데. 나에게는 하루 종일 말 한마디 하기 힘든, 홀로 하는 일이 주어진단 말인가?

오늘 흘린 눈물의 정체는 아마도 외로움 때문일 거라고, 실존적 눈물일 거라고 서둘러 마무리 짓는다.

내가 열심히 손을 빨리 놀리며, 동시에 목에 무리가 가도록 모서리를 예쁘게 접으려 애쓰는 이 책의 내용을 다시금 떠올려본다. 작가는 어디를 향해 달려가는지 알 수 없어 멈춰 섰고, 이제부터는 엄청나게 느린 속도로 걸어갈 거란다. '열심히'라는 논리 때문에 자신의 시간과 열정을 부당하게 착취당하지 않기 위해서.

그럼 나는?

참으로 아이러니하다. 나는 더 열심히 치열하게 살아내기 위해 이곳에 서 있다. 총알배송을 위해 시간 대비 작업 수량을 극대화하는 것이 가장 중요한 목표인 이곳에.

IIIIIIIIIIIII
하마터면 열심히 살 뻔했다
하완 저, 웅진지식하우스

그림책 탱고
제님 저, 헤르츠나인

—— 사는 게 힘드냐고
니체가 물었다

 내가 아르바이트 나가는 물류창고 입구에 들어서면 정면에 '글로벌 물류의 메카 ○○'라고 적힌 슬로건이 보인다. 작업은 물류창고 1층과 3층에서 이루어진다. 오늘은 처음으로 '유통'이라 하는 1층에서 일을 하게 되었다. 3층과는 비교도 안 되게 힘들다는 말을 들었기에 잔뜩 긴장하고 들어갔다.
 8시 50분쯤 1층에서 일하는 사람들 모두 모여 국민체조를 했다. 운동장도 아닌, 운동장처럼 넓은 창고에서 하는 국민체조라니? 살풋 웃음이 나왔지만 모두들 진지했기에 열심히 따라 했다. 그리고 9시 정각, 반장이 정해준 작업대 앞에 섰다.
 1층에서는 주로 사오십 권의 책이 들어가는 박스 구성 작업을 한다. 자동화된 기계(컨베이어 벨트)에 박스가 줄지어 오면 열 명 정도의 사람이 군데군데 서 있다가 네다섯 권의 책을 재빨리 박스에 담아내는 일이다. 네다섯 종류의 책을 피아노 치듯 순서대로 빠르게 집어서 준비하고 있어야 했다. 졸졸졸 흐르는 시냇물에 박스가 떠내려오는 모양새였다. 1초라도 딴생각을 하거나 손가락 하나가 미끄러지면 책을 넣지 못하고 박스가 그냥 떠내려갔다. "스톱!"을 외쳐야 하는 순간이다. 바삐 하다가 책 한 권을 덜 넣거나 같은 책을 두 권 넣기도 했는데, 이 경우에도 재빨리 "스톱!"을 외치면 시냇물이 멈추고 직원이 달려와 일 처리를 했다.

책을 구성해서 박스에 넣는 것도 벅찬 일인데 틈틈이 작업대 뒤에 있는 책들을 작업대 위에 번쩍 들어서 순식간에 올려놓아야 했다. 무겁다, 허리 아프다 하는 느낌을 가질 틈이 없었다. 실수하지 않기 위해 바짝 긴장하고 초집중을 해야 했다. 평소 느림의 미학을 펼치던 내가 죽을힘을 다해 책을 구성해서 박스에 넣느라 정신없는데, 앞뒤 사람이, 뒤에 서 있던 직원이 이렇게 해라, 저렇게 해라, 충고를 했다. 귀에 들어올 리 없었다. 아직 시스템 파악도 되지 않았는데.

처음이라 그런지 다행히도 직원이 작업대 위에 책을 올려주었다. 그렇게 미친 듯이 죽을힘을 다해 두 번의 '스톱!'을 외치고 첫 번째 휴식 시간이 왔다. 눈물이 화산처럼 솟구쳤다. 재빨리 화장실로 달려갔다. 좀처럼 진정이 되질 않았다. 다른 사람들에게 눈물을 보이면 안 되는데.

'매일매일 이곳에서 일하는 사람들에게 미안한 눈물이잖아.'
다시 마음을 단단히 먹었다. 어떻게든 견뎌내야 한다고.

두 번째 타임부터는 직원의 도움을 받지 않고 혼자서 내 역할을 해냈다. 내내 1초의 여유도 없이 긴장과 초집중으로 보낸 하루 일과가 끝나가는 다섯 시쯤, 반장이 내일도 나올 수 있냐고 물었다. 나는 주저 없이 "네."라고 대답했다.

죽을 만큼 힘들었으면서도 기쁜 마음이었던 것 같다. 내일도 일할 수 있다는 것과 그렇게나 힘들다는 일을 내가 꽤 잘 해낸 것 같은 뿌듯함이랄까. 다른 한편으론 힘들다는 이 일을 내가 해낼 수 있는지 시험해보자는 생각도 있었으니까. 오만가지 생각이 떠올랐지만 일단 다 접어두기로 했다. 생각이란 건 내일을 견뎌 보고 나서 하기로. 마음은 이미 수십 번 다짐을 했으니 몸만 버텨주면 되었다. 일하다 그곳에서 쓰러지더라도 정신력으로 버티기로 마음먹었다. 그리고 이튿날.

전쟁터에 나가는 마음으로 정신을 바짝 차리고 나갔다. 그런데 일을 시작하자마자 탈이 났다. 두통이 찾아온 것이다. 집에서부터 살짝 기미가 있어서 두통약을 챙겨야 했는데 깜빡 잊고 그냥 왔다. 두통에는 최악의 환경이었다. 먼지가 뿌연 공기, 새로운 책들이 뿜어내는 화학약품 냄새, 움직이는 박스들. 머리가 깨질 듯이 아팠고 속까지 울렁거렸다. 두통약이 있는지

수소문해 봤지만 가지고 있는 사람이 아무도 없었다. 겨우 오전 근무를 마치고 집에 가야겠다 싶었는데, 다행인지 불행인지 두통약을 가지고 있는 사람이 나타났다. 두통약 2알로 오후를 버텨보기로 했다.

  그런데 전혀 효과가 없었다. 두통에 최악인 환경 때문이리라. 이미 일은 시작되었는데. 오후 일과 중 한 타임 끝나고 같이 일하는 언니들에게 가야겠다고 말했더니, 지금 상황에서 빠지면 아주 곤란하다고 했다. 어쩌면 반장이 앞으로는 절대 부르지 않을 거라고. 그 말에 나는 두통약 2알을 더 먹고 버텨보기로 했다. 약 먹은 지 2시간도 지나지 않았으니, 약물 과다복용이다. 그래도 버틸 수만 있다면 그게 무슨 대수랴. 오후 내내 시계만 봤다.

  그냥 이대로 쓰러졌으면 싶었다. 나도 나를 어쩔 수 없게 그냥 정신을 잃고만 싶었다. 응급실로 실려 갔으면 싶었다. 산처럼 쌓인 책더미에 멀미가 났다. 그렇게 일 년 같은 하루가 끝나갔다. 반장이 또 물었다. 내일 나올 수 있냐고. 내일은 못 나온다고 했다.

  돌아오는 버스 안에서 어제 미뤄 둔 생각들이 몰려왔다. 우선은 정신으로 밀어붙인 몸에게 미안했다. 무작정 버티는 게 능사가 아니었다. 1층의 일은 한계를 넘어서는 일이었다.

유속을 조절할 수 없는 시냇물도 아니고 떠내려오는 박스의 속도를 조금 줄이면 될 일을. 1초의 여유도 없이, 허리를 펼 짬도 없이 그 시스템에 무조건 적응하는 사람만이 살아남는다는 식이다. 모두들 한결같이 힘들다 하면서도 실수하지 않기 위해 안간힘을 쓴다. 그래서 인정받으면 고정 알바가 되니까. 미운털이 박힐까 봐 반장에게는 힘들다는 말을 절대 하지 않는다. 그저 묵묵히 해낼 뿐이다.

사무실에서 나온 직원, 그러니까 정식 직원인 그 사람은 서서 일하는 우리를 감시하듯 바라본다. 모든 것이 불만인 듯 잔뜩 찌푸린 표정으로. 웃는 모습을 한번도 본 적이 없다. 가끔씩 마음에 안 들거나 실수하면 불같은 호령이 떨어진다. 불호령에 잔뜩 움츠리고 미친 듯이 손가락을 더 빨리, 더 정확하게 움직여보려고 한다. 높은 사람 눈에는 기계처럼 반복되는 일을 죽기살기로 해내는 우리가 어떻게 비칠까? 초를 다투며 온몸으로 일한 사람들 덕분에 생긴 이윤은 누구에게로 돌아갈까? 나는 이런 불합리한 일에 내 마음을 단도리하며 끝까지 버텨내야 할까?

하루종일 두통에 시달린 사실을 안 매니저가 걱성된다며 전화를 했다. 정말 고생했다며 1주일만 버티면 몸이 적응된다고 했다. 결코, 절대로 그런 불합리한 일에 적응하고 싶지 않다는 말이 목구멍까지 올라왔다가 멈췄다. 정말 이 일에서 배제될 것 같은 두려움 때문에. 이런 내가 또 한없이 작아져 목울대가 뜨거워졌다.

허정허정 집에 오니 큼직한 택배 상자가 문 앞에 놓여 있다. 친정엄마가 보내셨다. 봄을 타느라 밥을 못 먹는 딸을 위해 해마다 봄이면 엄마는 이것저것 싸 보낸다.

머위나물 무침, 미역, 소고기, 깨소금, 파김치, 깐 마늘, 다듬은 쪽파, 어린쑥과 보리싹, 어린 머위순, 파래김, 다시용 멸치와 다시마. 어제오늘 다 쏟아낸 줄 알았는데, 또다시 눈물이 주르륵 주르륵 흘러내렸다. 어깨를 들썩이며 마음껏 엉엉 울어버렸다. 수분 한 방울까지 쥐어짜내 실컷 울고 나니 기진맥진이다. 아무리 슬퍼도 위장에게는 슬픔을 강요하지 말라 했던가. 찬밥에 엄마가 보내준 머위나물 무침을 넣고 쓱쓱 비벼 저녁을 먹었다. 겨우내 땅과 대기의 기운을 빨아들인 머위의 봄기운과 쌉싸름한 맛이 기운을 돋게 했다.

'내일은 쉬면서 멸치와 다시마로 국물을 내서 봄기운 다글다글한 쑥국을 끓여야지. 그리고 운명을 사랑하라 했던 니체에게 물어봐야겠어. 나 지금 잘살고 있는 거 맞냐고.'

마침 지금의 나를 위한 책 두 권, 『사는 게 힘드냐고 니체가 물었다』와 『니체의 인생 강의』가 침대 머리맡에 놓여 있다.

자려고 누우니 시냇물에 박스가 줄지어 떠내려온다. 순간 손가락이 움찔거렸다. 그러고 보니 오늘 하루 내 손가락 위에서 놀았던 네 권의 책들이 참으로 아이러니하다.

조지오웰의 『1984』, 니체의 『차라투스트라는 이렇게 말했다』, 장 자크 루소의 『인간 불평등 기원론』, 그리고 내가 너무도 좋아하는 괴테의 『이탈리아 기행』이었다.

||||||||||||||

사는 게 힘드냐고 니체가 물었다
박찬국 저, 21세기북스

니체의 인생 강의
이진우 저, 휴머니스트

———— 이야기가 필요한 이런 날

 다음 주 월요일에 알바 나오라는 문자를 받았다. 월요일은 하루 종일 서서 똑같은 일을 반복하는 단순 작업이다. 무거운 짐을 들지 않아 다행이지만, 손목과 어깨와 목에 무리가 오는 일이다. 지루해도 그렇게 지루할 수가 없다. 이럴 땐 손은 바삐 움직이면서 머릿속으로는 생각의 나래를 펼치는 게 상책이다. 그러기 위해서는 주말이라도 꼼짝없이 몸은 쉬게 하고, 생각의 나래를 펼칠 재료를 준비해야 한다. 나에게 그 재료란 다름 아닌 책이다.
 알맞도록 풍성하고 싱싱한 것이 내 손에 들려 있다. 김서령의 『외로운 사람끼리 배추적을 먹었다』라는 책.

 사실 김서령이라는 이름은 신문에서 특별한 전시 소식으로 먼저 만났다. 2018년 어느 가을날이었던 것으로 기억한다. '김서령의 다정하고 고요한 물건들의 목록 물목지전(物目誌展)'이라는 전시 제목이 눈길을 끌었다. 특히 '다정하고 고요한'이라는 단어에. 그녀가 평생 모아온 토기와 자기, 가구, 소품 등 180여 점이 전시되는데 그녀가 '아끼고 매만져 살짝 피가 돌기도 했던 어여쁜 생명들'이 새 인연을 만났으면 하는, 그러니까 그 소중한 물건들이 판매된다고 했다. 투병 생활을 하는 그녀가 삶을 정리하는 과정 중의 하나라고 했던가. 삶을 정리하는 방식이 참으로 아름답다고 생각하며 내 삶의 마지막 모습을 그려보기도 했다. 전시회에 가 보고 싶은 마음도 간절했으나 곧 포기했다.

'300명인지 500명인지도 헷갈릴 정도로 많은 사람을 인터뷰했다니, 소중한 인연들이 얼마나 많이 오겠어? 내가 들어설 자리는 없을 거야. 가만있자. 나의 다정하고 고요한 물건들이나 뭐가 있을까? 찾아봐야지.'

그러고는 한 달 만에 향년 62세로 영원한 자유를 얻었다는 슬픈 소식을 들었다. 딱 거기까지 뿐. 곧 까마득하게 잊어버렸다. 그리고 2019년 2월 그녀의 유고집이 돼버린 음식 에세이 『외로운 사람끼리 배추적을 먹었다』 출간 소식을 읽었다. 누군가는 이 책을 '서령체'가 담긴 책이라고 했고, 또 누군가는 그녀의 이른 죽음을 두고 '한 문장이 졌다.'라고 했다.

그렇게 독특한 전시로 기억된 '그녀'는 작가 '김서령'으로 마음에 쑥 들어왔다. 책을 읽기도 전에 이 책을 좋아할 것 같은 친구에게 소개했다. 친구는 듣는 순간 제목부터 멋지다더니 이틀 후에 문자를 보냈다.

> 김서령의 책을 읽고 있어요. 어쩜 이리도 제가 너무도 좋아할 만한 책을 추천해 주시는지, 그 안목에 그저 감사할 뿐! 김서령이라는 사람이 이 세상에 없다는 사실이 가슴 아프네요. 살아있었더라면 꼭 한번 뵙고 싶을 만큼 책에서 그분의 향기가 납니다.

흔히들 말한다. 좋은 책을 만나면 아껴가며 읽는다고. 『외로운 사람끼리 배추적을 먹었다』는 아까워서 읽지 못하는 책이다. 책 앞날개에 있는 프로필을 읽고 또 읽고 차례를 하나하나 눈으로 좇기만 해도 가슴이 부풀어 오른다. 기대가 큰 만큼 혹시라도 실망할까 싶어 조심스레 〈외로움에 사무쳐봐야 안다, 배추적 깊은 맛을〉이라는 글을 먼저 읽었다.

아, 어쩜 좋아. 아까워서 차마 못 읽겠다. 이리 맛깔스러운 글이라니! 거기에 속 깊은 생각과 삶에 대한 통찰력까지. '흔하디흔한 배추적에 깊은 맛이 있을까'라는 의심이 드는 순간에 김서령 작가는 배추적의 깊은 맛을 설명하기 위해 얕은 맛을 들고 나온다. '얕은 맛이란 달게 먹고 난 후엔 조금 민망해지는', 그러니까 '식욕이되 성욕과도 흡사하게 허망하고 말초적인 맛'이라고 한다. 생생하고도 절묘한 비유다.

또다시 차례 페이지로 가서 단아하게 차려진 차례를 기웃거리며 입맛을 다셨다. 내 어릴 적 추억을 자극하는 것부터 펼쳤다. 〈무언가 고프고 그리운 이들에게 찔레 순 맛을〉, 〈여름 더위 물렀거라〉, 〈야생 취나물 무침〉, 〈쑥국 한 그릇에 불쑥 와버린 봄〉, 〈육개장과 하수상한 토란과의 만남〉, 〈삶이 '삶은 나물보다' 못할 리야〉를 읽었다.

어린 시절 동네 할매들과 아지매들, 그리고 엄마와의 음식 추억을 이리도 생생하게 살려내는 재주라니! 어린 시절 내 손에도 한 움큼 쥐어져 있던 찔레 순, 이른 봄날의 쑥국과 늦봄의 야생 취나물, 늦가을에 한 번은 꼭 먹어줘야 하는 토란들깨탕이 생생하게 살아났다.

이유는 알 수 없이 그저 마음이 끌리는 것들을 펼치고 침대 머리맡에서 여러 날에 걸쳐 꼭 한 꼭지씩만 읽었다.

그리고 오늘, 그동안 아끼고 아꼈던, 아까워서 차마 읽지 못했던 한 꼭지를 읽었다.

〈백석이 그리도 좋아하던 가자미〉.

'아, 김서령 작가도 내가 좋아하는 백석 시인을 좋아했구나.'

평북 정주가 고향인 백석은 고향을 떠나온 후 고향에 대한 그리움을 담은 음식이 나오는 시를 여러 편 썼다. 백석의 시에 담긴 음식을 소재로 한 책(『백석의 맛』)도 나올 만큼 백석의 음식 사랑은 각별했다. 그중에 가자미가 으뜸이 아닐까 싶다. 반찬 친구, 즉 소반에 오른 흰살 생선 가자미를 벗 삼아 쓴 시 〈선우사(膳友辭)〉에 가자미가 나온다. 〈내가 이렇게 외면하고〉라는 시에는 가난한 집 부엌에서 진간장에 꼿꼿이 지진 달재 생선이 맛도 있다는 이야기가 나오는데, 김서령 작가는 이 달재 생선에서 착하고 선한, 무엇보다 백석과 친한 가자미를 떠올린다. 그리하여 불광동 호남상회에서 가자미 한 마리를 사며 백석을 생각한 건지, 백석을 생각하며 가자미를 산 건지, 하여간 가자미를 사며 가자미에 대한 질펀한 이야기를 풀어냈다. 가자미가 불광상회에 오기까지의 기나긴 여정과 백석의 가자미에 대한 재미난 이야기, 그리고 백석의 시 〈내가 이렇게 외면하고〉를 떠올린다. 70년 전 현직이 아마도 함흥 영생고보 교사일, 지금의 작가보다 나이 어릴, 코밑 수염을 기르고 숱 많은 머리카락이 바람에 휘날릴, 이 키 큰 청년의 쓸쓸하고 따스한 서정이 손에 잡힐 듯 생생하다며 눈물이 핑 돈다고 했다. 그러고는 그날 산 가자미를 두어 날 꾸덕꾸덕 볕에 말려 진간장에 지져 먹었다고.

오랜만에 백석 시집을 꺼내어 〈선우사(膳友辭)〉와 〈내가 이렇게 외면하고〉를 천천히 읽었다.

다음 날, 월요일에 김서령의 가자미 이야기와 백석의 시 두 편을 가슴에 품고 물류창고로 향했다. 〈내가 이렇게 외면하고〉의 백석처럼 삽상한 기분으로. 하루 종일 지루하기 그지없는 일을 하면서도, 투명 인간으로 살면서도, 손놀림이 느리다고 지청구를 들으면서도 기분이 삽상하기만 했다.

집에 가면 나도 오늘 가자미를 꼬깃꼬깃 진간장에 지져 먹을 생각에. 나도 외롭고 높고 쓸쓸한 사람이니까. 다음에는 김서령 작가의 『참외는 외롭다』를 읽을 거니까.

|||||||||||||||

외로운 사람끼리 배추적을 먹었다
김서령 저, 푸른역사

백석의 맛
소래섭 저, 프로네시스

정본 백석 시집
백석 저, 고형진 편, 문학동네

참외는 외롭다
김서령 저, 나남

─── 연근 반찬
어떻게 만들어요?

　물류회사 건물(지금까지는 물류창고라는 표현을 썼는데 사실은 물류회사가 맞다. 외관상 거대한 창고임에 틀림없으니까) 3층에 식당에 있다. 점심시간만 되면 건물 안 구석구석에서 일하던 사람들이 스멀스멀 모여든다. 사무실 직원, 현장 직원, 고정 알바, 불규칙 알바, 이곳을 드나드는 택배 기사 등. 직원인지, 알바인지 옷차림만으로 한눈에 알아볼 수 있다.
　몇 번 그곳을 이용하다 도시락을 싸갔다. 어쩐지 사람들이 북적대는 그곳에 가기가 싫어졌다. 오늘도 혼자 점심을 먹었다. 정확히는 한 테이블에 세 명의 여자 직원과 함께였다. 열악한 환경에서 알바와 다름없는, 아니 오랫동안 숙달됐으니 강도 높은 일이라도 척척 해내는 현장 직원들이다. 그녀들은 벌써 도란도란 점심을 먹고 있었다. 쭈뼛쭈뼛 다가가 여기서 점심

먹어도 되냐고 물으니 대답도 없이 테이블 위의 물건을 치우는 시늉을 했다. 테이블 끄트머리에 옹색하게 앉아 밥 한술을 떠 넣으니 목이 멨다.

오늘 아침밥이 너무 되었나? 물 한 모금으로 뻑뻑한 목을 달랬다. 다시 씩씩하게, 엄마 없는 아이라도 되는 양 야무지게 밥을 먹었다. 밥을 다 먹어갈 동안 그녀들은 말 한마디 건네지 않았다. 버스 안의 여학생들처럼 소란스럽게 재잘대면서. 나는 그저 그곳에 존재하지 않는 투명 인간이었다. 사실 나는 밥을 먹는 내내 이제나 저네나 기다렸다. 언제쯤 그녀들이 말을 걸어줄까 하고. 내가 먼저 말을 건네 볼까도 생각했다. 그렇다면 어떤 내용으로 말을 걸까? 생각을 굴려봤다.

흘낏흘낏 쳐다보니 그녀들이 싸 온 반찬 중에 연근이 있었다. 연근을 얇게 슬라이스 해서 호박전처럼 만들었는데 자기네들끼리 식감이 좋다고 했다. 그 연근 반찬 어떻게 만들어요? 하고 마음속으로 물어볼 말을 연습해 봤다. 하지만 육중한 분위기에 짓눌려 이내 포기했다. 지금 생각하면 물어보지 않은 게 얼마나 다행인지.

혼자 밥 먹는 일에 익숙하고 어떤 일이라도 감당할 마음의 준비를 단단히 했기에 밥은 체하지 않고 맛있게 먹었다. 다만 그녀들 때문에 조금 많이 슬퍼졌다. 밥을 먹으며 같은 테이블에 앉아 있는 사람에게 말 한마디 건네지 않는 그 분위기를 어떻게 이해해야 할까? 오전 내내 같은 작업대에서 같은 일을 한 사람인데. 새초롬한 아가씨도 아니고 중년의 아줌마라면, 품이 좀 넓어질 나이 아닌가?

  따뜻한 말 한마디 건넬 여유조차 없는 환경에 지속적으로 노출된 탓일까? 내가 세상 물정을 너무 몰라 그렇다고? 원래 사회란 치열한 곳이라고? 고작 그만한 일에 웬 호들갑이냐고?

  어떤 논리로도 납득되지 않고 납득하고 싶지도 않다. 투명인간으로 살아본 내 마음보다 그녀들의 마음 씀씀이에 더 슬픈 하루였다.

── 어쩌다 우린
이곳에서 만나게 됐을까

　도시락을 함께 먹는 정현 씨는 몸은 약해 보여도 일을 야무지게 잘 해낸다. 오늘은 밥을 빨리 먹고 물류창고 밖으로 함께 산책을 나갔다. 봄햇살이 눈이 부시게 환하다.
　'와, 봄이구나! 아, 따듯해!'
　깜깜한 터널을 빠져나온 느낌이었다. 그때 정현 씨가 불쑥 내뱉는 말, '그만둬야지, 둬야지' 하는 마음으로 지금까지 다니고 있다고 했다. 말이 나온 김에 그만둘 생각이 있는 거냐고 묻자 처음으로 사적인 얘기를 들려줬다.
　남편이 사업을 하는데 잠깐 사업이 멈춘 상태라고. 어떤 사정으로 인해 장소를 옮겨 다시 시작할 준비를 하고 있다고 했다. 워낙 규모가 큰 사업이라 한 달 은행 이자만 한 사람의 연봉 수준이라고. 사업이 재개되면 곧바로 일을 그만두고 남편의 일을 도울 거라고 했다.

'이런 사정이라면 느긋하게 집에 있을 수 없겠지.'

뭐라도 해서 보탬이 되려는 마음이 고스란히 느껴졌다. 정현 씨가 무심한 듯 한마디 툭 던졌다. 웃으면서.

"추운 겨울 어느 날, 버스 정류장에서 버스를 기다리고 있는데 느닷없이 눈물 두 줄기가 주욱 흘러내리더라고요."

느닷없이가 아니겠지. 분명 마음은 다 알고 있을 테니까. 고된 일로 몸은 천근만근일 텐데 일 끝나면 저녁 예배에 갔다가 다음날은 또 새벽 예배에 갔다가 곧장 일터로 나온다는 정현 씨. 마음속으로 간절히 빌었다. 다음 추위가 오기 전에 정현 씨 남편의 사업이 재개되기를.

지금까지 가장 강도 높은 일을 한 오늘, 처음 온 경임 씨. 지금 당장 홍대 거리를 걸어도 괜찮을 차림새다. 경임 씨는 어떤 사정으로 이곳에 왔을까. 일의 신이 아닐까 싶게 용케도 힘든 일을 해냈다. 본인은 죽는 줄 알았다고 하지만 모두들 인정했다. 다음날 나와야 할지 이쯤에서 그만둬야 할지 고민된다던 경임 씨는 다음날 씩씩하게 나타났다. "설마 오늘도 그 엄청난 일을 하는 건 아니죠?"라고 물으면서.

두 번째 날에도 경임 씨는 별다른 실수 없이 해냈다. 마침 나와 짝이 되어 일하게 되었을 때 이런 일이 처음이냐고 넌지시 물었다. 이렇게 센 일은 처음이라고. 본업이 따로 있는데 그 일을 다시 시작하게 될 때까지 잠깐 하는 거라고. 실례가 되지 않는다면 본업이 무엇인지 궁금하다고 했다. 요가 강사를 했었는데, 나이가 많아서 채용이 잘 되지 않는다고 했다.

"요가 강사를 하신 분이 험한 일인데도 잘 버티시네요." 했더니 죽기 살기로 하고 있다고 했다.

그렇지? 말은 안 해도 우리는 다 죽기 살기로 버티고 있는 거였다.

며칠 전에 새로 온 연숙 언니(나이가 꽤 있기 때문에)는 처음 온 날부터 붙임성 있게 잘 웃고 말도 잘 붙였다. 무슨 일이든 해야겠다는 태도에 열심히 하려는 마음이 흘러넘쳤다. 어쩐지 그 모습이 나를 더 슬프게 했다. 연숙 언니는 왜 이곳에 왔을까? 연숙 언니와 가까이서 나흘 동안 일한 분에게 사적인 얘기를 전해들었다.

아이티 사업을 해서 꽤 많은 돈을 벌었는데 제조업에 뛰어들었다가 폭삭 망했다고. 그래서 얼마간은 우울증에 빠져 있다가 일을 시작하게 된 거라고. 지금은 일을 하고 있는 것만으로도 감사하고, 퇴근하면 밤에는 또 다른 일을 하고 있다고 했다. 혹시 주말에 할 일이 있으면 소개해 달라고 했단다.

듣는 내내 가슴이 먹먹해졌다. 건강도 그리 좋아 보이지 않던 얼굴빛이 떠올라 눈시울이 뜨거워졌다. 기껏 하루 함께 일했을 뿐인데, 그냥 연숙 언니를 꼬옥 안아주고 싶었다. 무슨 오지랖인가 싶겠지만, 밥이라도 한번 같이 먹고 싶었다.

나는 어찌하여 이곳에 오게 되었을까?
오롯이 아이 키우는 데 전념했다. 그래도 노력한 덕분에 내가 좋아하는 일을 향해 조금씩 나아가고 있었다. 그런데 아이가 고등학교에 들어가자 좋아하는 일만을 좇을 수가 없었다. 당장 아이 급식비라도 벌어야 했다. 그렇게 나는 대책 없이 삶의 현장에 내몰렸다.
우린 어쩌자고 이런 곳에서 만나게 됐을까?
이곳에서 만난 사람 대부분은 쉰 살 전후의 나이들이다. 게다가 대부분 여자들이다. 나이를 나타내는 숫자 50은 극한 직업이 아니면 갈 곳이 없음을 의미한다는 걸 이제야 실감한다. 대학에서 무슨 전공을 했든, 전직이 무엇이든, 바로 어제까지 했던 본업이 무엇이든 하나도 중요하지 않다. 나이 쉰에 삶의 현장으로 내몰린다면 최하위 비정규직 일일 확률이 높다.
다른 사람들은 어떤 사정으로 이곳에 왔을까?
고등학생 아들, 딸의 엄청난 학원비를 벌기 위해 나온 성희 씨, 어떤 사람의 1년 연봉에 맞먹는 은행 이자에 조금이나마 보탬이 되려고 애쓰는 정현 씨, 단지 나이가 많다는 이유로 하던 일임에도 구하기 쉽지 않은 경임 씨, 사업에 실패한 연숙 언니. 정확한 나이 공개는 안 하지만 맏언니로 불리는 미영 언니는 예순 가까이 되지 않았을까. 그럼에도 하루도 빠짐없이 나온다. 쉬는 시간마다 믹스커피를 마신다. 도대체 하루에 몇 잔을 마시는 거냐고 묻자 씨익 웃으며 비밀이야 그런다. 아무래도 언니에겐 커피 한 잔이 담배 한 개비 역할을 하는 것 같다. 통장에 차곡차곡 쌓이는 돈맛에 나온다는 지숙 언니나 남편의 월급으로는 힘든 해외여행을 가기 위해 돈을 버는 민영 언니는 그래도 사정이 나은 편이다.

사정이야 어떠하든, 모두 여자들이고 아줌마들이며 엄마들이다. 죽기 살기로 버티고 있는 그녀들이 참으로 대견하면서도 안쓰럽다. 삶의 현장으로 내몰린 나이 쉰 안팎의 엄마들을 누가 이해해 줄까?

아이들은 아동수당, 청년들은 청년 기본소득, 노인들은 노령연금 등 각 세대마다 지원 혜택이 있는데, 쉰 안팎의 엄마들은 하소연할 곳이 없다. 그저 또 한 번 슈퍼 우먼의 힘을 쥐어 짜낼 도리밖에. 엄마라는 이름으로 버티는 수밖에.

―― 한 세 상
멋 지 게 살 거 라

일을 끝내고 나오니 비가 내렸다. 좀 전에 흘린 땀이 식으면서 몸이 으스스 몸서리쳐졌다. 추운 날씨에 땀을 흘렸다는 건 그만큼 빠른 몸동작으로 일했다는 뜻. 우산도 없이 모자를 뒤집어쓰고 집에 왔다.

따뜻한 국물로 속을 데우고 싶지만 그런 게 있을 리 없다. 그렇다면 라면이라도 먹어야지 생각하며 현관문을 들어서는데 전화벨이 울렸다. 친정엄마였다. 대뜸 하루 종일 어디 갔었냐고 추궁하듯 물었다. 얼버무리다 다소 신경질적인 목소리로 둘러댔다.

"어디 가긴? 친구 만나서 놀다 왔지."

나도 모르게 물기 어린 목소리였다.

"그래~ 잘했다."

"근데 엄마 왜요?"

"혼자 있다고 밥 굶지 말고 잘 챙겨 먹으라고."

최대한 절제된 목소리로 "알았어" 하고 서둘러 전화를 끊었다.

배고픔도 추위도 싹 가셨다. 다리에 힘이 풀렸다.

'엄마, 지금 끼니 챙겨 먹는 게 문제가 아니야? 엄마 딸, 힘들어 죽겠다고. 엄마가 내 문제집 사주려고 매일같이 품팔이 다녔던 것처럼, 나 또한 내 딸 고등학교 무사히 마칠 수 있도록 죽을힘을 다해 일하고 있다고. 근데 엄마, 너무 힘들다. 끝까지 잘 버틸 수 있을까?'

혼자 중얼중얼 힘든 속내를 전화기를 향해 토해냈다. 전화선을 타고 엄마에게 가닿기라도 하듯.

오 남매 중 넷째인 나는 산골마을 외딴집에서 자랐다. 넉넉하지는 않았지만, 부모님은 딸이라고 여자라고 한 번도 차별하는 일이 없었다. 특히, 엄마는 딸인 나에게 항상 말했다. 세상에 사람으로 생겨났으니 한세상 멋지게 살아보라고.

　분명 당신이 못 살아본 삶일 것이다. 한세상 멋지게 살려면 우선 공부를 잘해서 대학에 가는 것. 엄마나 어린 내가 아는 방법은 그것밖에 없었다. 나는 효도하는 길이라 생각하고 열심히 공부했고, 엄마는 죽을힘을 다해 아낌없이 지원했다. 아낌없는 지원이란 학원 같은 건 꿈도 꾸지 못하고 문제집 사는 것만으로도 사실은 벅찬 형편이었다.

　농사짓는 집이라 집에 현금이 있을 리가 없었다. 현금을 만들려면 엄마가 농장으로 날품을 팔러 가야만 했다. 새벽 네 시면 일어나 아침밥을 준비하고 우리 도시락을 싸고 정신없이 집에서 먼 농장으로 일을 나갔다.

어둠이 내려서야 집에 돌아와서는 전쟁 같은 저녁을 준비해서 늦은 저녁밥을 먹곤 했다. 그렇게 해서 엄마는 내가 문제집 산다고 손을 벌릴 때마다 척척 돈을 내주었다. 가끔 학교 등록금이 밀리기는 했지만 교무실에 불려 갈 정도로 늦지는 않았다. 그리하여 나는 엄마의 마음이 흡족할 만큼, 한세상 멋지게 살 수 있는 기본 공부(?)를 마쳤다.

그런데 요즘 나는 어떻게 살고 있는 거지?
엄마가 보시기에 한세상 멋지게 살고 있는 걸까?
언제부턴지 엄마가 내게 당부하는 말이 달라졌다.
몸 건강한 게 최고라고. 몸만 안 아프면 된다고.
엄마가 말씀하신 한세상 멋지게 산다는 건 어떤 모습일까?
한 가지 확실한 건 자신이 품은 생명을 결코 포기하지 않는 것도 멋진 모습이 아닐까? 요즘 새롭게 드는 생각이다.

엄마가 나를 끝까지 지켰던 것처럼,
나도 그렇게 살면 지금의 시간을 무사히 통과할 수 있겠지.
그러고 나면 나도 지금보다는 훨씬 성장해 있을 테고.
내 딸에게 어떤 당부의 말을 해 줘야 할지도 조금은 알 것도 같은데.

4부 독서의 여백

아무도 모르는

오후의

문장

여러 겹의 포장을 걷어낸 담백한 오십이 되어
읽는 삶에 대해서도 다시 생각한다.
시인 놀이를 하고 그림책 속의 주인공이 되어
문장의 사치를 마음껏 즐기다 보면 책을 살게 되지 않을까.
그리하면 조금 더 나은 사람이 되고 싶다는 소망에
가까워지지 않을까 하는 순진한 기대를 품은
읽는 삶 말이다.

―― 내 울음을 기억하는
나무를 가졌는가?

_벗나무

두어 해 전 어느 봄날이다. 자주 다니는 우리 동네 도서관 앞에 꽃을 활짝 피운 벗나무 한 그루가 눈에 들어왔다. 도서관을 한두 해 다닌 것도 아닌데 오늘 처음 만난 듯 도무지 낯설었다. 어찌나 아름다운지 한참을 바라보고 서 있는데 조금 쓸쓸한 기분이 들었다. 꽃의 찬란함만큼이나 나무가 외로워 보였달까? 사람으로 치면 중년 즈음의 세월을 살았을 벗나무, 거친 옹이들로 얼룩진 수피가 어찌나 울퉁불퉁한지, 손에 만져지는 감촉이 우리 할머니들의 신산한 삶을 닮은 듯했다. 그럼에도 거친 수피에 초록 잎 하나 내밀고 꽃도 한 송이 피워냈다.

어쩌자고 혼자 이곳에 심어졌다니?

괜스레 나무를 심었을 누군가의 손길을 나무라며 나무를 한 번 안아주고 돌아왔다. 꽃을 환하게 피운 날에만 서글퍼 보이는 이상한 벚나무 한 그루. 그날 이후 가슴 속에 외로운 벚나무 한 그루가 슬쩍 스며들었다.

그로부터 세 번째 맞은 어느 봄날, 도서관에서 내건 환한 등 같은 벚나무 앞에서 기어이 눈물을 쏟고 말았다. 그동안 쌓였던 얼음 같은 응어리가 봄빛을 만나 눈물로 녹아내린 것일까? 외로운 벚나무의 서글픈 몫까지 쏟아내느라 한참을 울었다. 혹시라도 눈물의 성분에 대해 누군가 물어온다면 이건 순전히 내 마음 같지 않은 일들만 널려 있는 봄날 탓이라고. 살다 보면 맥락 없는 생각들 끝에 찾아오는 울음 같은 것이 있는 게 인생이라고, 아니 순전히 환하게 피어난 아름다운 벚나무 탓이라고. 울고 싶을 땐 벚나무 앞이 제법 괜찮다고 말해주고 싶다.

눈물이 스스로 멈출 때까지 기다려주니 말간 마음이 되어 벚나무에게 희미하게 웃어 보이기까지 했다. 한결 가벼워진 마음으로 도서관에서 책을 빌려 나오니 어느새 벚꽃이 노을빛을 막걸치고 있었다.

'고맙다, 벚나무야. 네가 있어 외롭지 않게 울 수 있었어. 외롭지 않게가 다 뭐니? 벚나무 앞에서 울어본 사람이 있을까? 함께 울어 줄 나무를 가진 사람이 나 말고 또 있을까?'

오늘 내 울음소리를 기억하는 특별한 나무가 된 벚나무를 살포시 안아주고는 그곳을 떠나왔다. 자꾸만 뒤를 돌아보며.

평소 같으면 집으로 가야 할 테지만 오늘은, 지금은 꼭 가야 할 데가 있다. 어떤 책 한 권과 함께. 지금이라는 건 벚꽃이 활짝 핀 날, 해거름의 저물녘을 말한다.

외로운 벚나무 한 그루 품고 있는 나는 벚나무를 배경으로 펼쳐지는 아주 쓸쓸한 이야기 하나도 품고 있다. 미야모토 테루의 『환상의 빛』에 실린 단편 「밤 벚꽃」인데, 처음 읽던 날 매년 벚꽃이 흩날리는 봄밤이면 벚꽃을 바라보며 읽어야겠다고 생각했다. 마침 집 가까이에 흐드러지게 핀 벚꽃이 내다보이는 카페가 있다. 도서관에서 카페에 가는 동안 어둠이 더 짙어질 테고, 바야흐로 여리디여린 꽃잎이 한두 장씩 흩날리는 봄밤이니, 나는 카페 창가 자리에 앉아 책을 펼칠 것이다. 벚나무 앞에서 울고 들어간 도서관에서 머리보다 몸이 먼저 빌린 「밤 벚꽃」을.

|||||||||||||

환상의 빛
미야모토 테루 저, 송태욱 역, 바다출판사

―― 서리가 내리면
그 나무를 찾아간다

_고욤나무

　겨울로 들어서면 기다리는 일이 하나 있다. 생일이나 크리스마스를 기다리는 아이처럼. 아니, 그보다는 은밀한 기다림이라고 해야겠다. 나만 아는 비밀 하나를 가슴에 품은 것 같으니까. 아주 아주 소소한 그 기다림은 아침마다 서리를 살피는 일로 시작된다. 몇 번의 서리가 내리고 나야 제대로 맛을 내는 녀석이니까.
　오래전, 우리 아파트 산책로를 걷다가 고욤나무 한 그루를 발견했다. 먹을 만한 과실나무도 못되고 아파트 정원수로는 더더욱 형편없는 고욤나무. 어찌하여 이런 곳에 심어졌을까?
　시골집 뒷마당이나 뒷산 묵정밭 근처 어디쯤에 무심하게 서 있어야 할 나무인데. 사연이야 어찌 됐든 나에게는 귀하고 귀한 고욤나무다. 어린 시절의 정겨운 추억 한 자락을 품고 있는 나무니까.

　추운 겨울, 간식거리라곤 없는 산골짝 시골 마을에 고욤은 특별한 맛으로 아이들의 입을 즐겁게 했다. 작은 은행알만 한 크기로 모양은 감이랑 똑같이 생겼는데, 감의 맛은 아니다. 그 자디잔 열매에 씨가 꽉 들어차서 과육은 거의 없다시피 하다. 그럼에도 그 시절 아이들에게 특별한 맛으로 기억되는 간식거리였다. 몇 번의 서리를 맞아 건포도처럼 겉이 쭈글쭈글한 고욤이라야 제맛이다. 그렇다고 건포도의 맛도 아니다. 고욤의 맛을 어찌 표현할 수 있을까? 쫀득하면서도 원시적인 달콤함이랄까?

　내가 아끼고 아끼는 수필집 『누비처네』에 나오는 고욤나무 이야기를 펼쳐본다.

　겨울 고욤나무에 매달린 고욤 맛을 별미로 친다는 목성균은 어떤 한국적 맛의 기능 보유자인 것처럼 자부심을 느낀다고 한다. 오묘한 그 맛은 대통령도 모르고 국회의원도 모른다는데, 그것 참 다행이다 싶기도 하다.

　드디어 서리가 하얗게 내려앉은 어느 날, 원시적이고도 가난한 과당을 섭취하기 위해 나의 고욤나무에게 갔다. 몇 년 새 어른 나무로 훌쩍 자란 고욤나무는 쭉쭉 뻗은 가지에 자잘한 고욤을 잔뜩 매달고 있었다.

까치 몇 마리가 시끄럽게 고욤나무에 들락거리며 고욤을 쪼아먹고 있었다. 고욤은 한겨울 새들에게 훌륭한 먹이가 된다. 우리 동네 모든 새들이 몰려와 쪼아먹고도 남을 만큼 고욤은 다닥다닥 올망졸망 매달려 있었다.

그러니 사람인 내가 몇 알 먹어도 괜찮겠지, 까치야?

쪼글쪼글한 고욤 하나를 따서 입에 넣었다.

아, 바로 그 맛이다.

가난하고 원시적이고 정겨운 맛. 시골집 묵정밭 언저리에 여덟 살 내가 서 있었다.

언제든 찾아갈 수 있는 나의 고욤나무가 있다는 게 참 좋다.

내가 좋아하는 수필집에 고욤나무 이야기가 있다는 게 참 기쁘다. 그리하여 수필 〈바래너미의 고욤나무〉를 읽고 나의 고욤나무를 만나는 일은 행복에 가까워지는 작은 몸짓이다.

||||||||||||

누비처네
목성균 저, 연암서가

── 꽃을 묻는
쓸쓸한 어떤 놀이

건듯 불어온 바람처럼 마음이 쓸쓸해질 때 나는 파일 서랍을 연다. '쓸쓸함이나 슬픔으로 정화하고 싶을 때'라는 파일명. 일본 작가들의 산문을 엮은 『꽃을 묻다』가 눈에 들어온다.

목차를 쭉 훑다가 표제작 〈꽃을 묻다〉부터 읽는다. 숨을 참아가며 단숨에 읽어내고 또 또 연달아 세 번을 읽는다. 푸석푸석한 쓸쓸함 대신 아름다운 쓸쓸함이 촉촉하게 차오른다. 산문에서 이토록 아름다운 동화 같은 이야기를 만날 줄이야!

작가가 어린 시절 친구들과 놀았던 놀이 이야기다. '쓸쓸한 놀이를 만든 아이'라는 부분에서 고개를 갸웃했다. 아이가 하는 놀이라면 보통은 신나고 재미나지 않나? 어째서 '쓸쓸한'이란 수식어가 붙었을까?

어쨌든 이 놀이는 두 사람만 있으면 할 수 있는데, 한 사람이 술래가 되어 눈을 감고 기다리면 그동안 다른 친구들이 갖가지 꽃을 꺾어와 땅에 묻는다. 묻는 방식이 굉장히 중요한데, 술잔만 한 크기의 구멍을 파서 그 안에 꽃을 넣고 유리조각으로 구멍을 덮고 그 위에 흙모래를 뿌려 땅의 다른 부분과 똑같아 보이게 한다. 그러고 나면 술래가 꽃이 숨겨진 구멍을 찾아내는 놀이다. 들어본 적도, 해본 적도 없는 신비로운 놀이라고 생각하는데, 작가는 더 흥미로운 이야기를 들려준다. 이 놀이의 핵심은 꽃이 묻힌 구멍을 빨리 찾아내는 데 있는 것이 아니란다. 오직 '흙 속에 숨겨진 꽃 한 줌의 아름다움'이라고 했다.

오~ 뜨거운 감탄이 터져 나온다.

살포시 덮인 흙을 손가락 끝으로 살살살 밀어냈을 때 마주하게 될 조그마한 유리 속의 갖가지 꽃들. 아름다운 작품을 발굴해낸 술래의 느낌은 어떠했을까? 놀이의 현장에 있었던 작가는 생생한 느낌을 다음과 같이 표현했다.

> 우리가 흔히 보던 세계와는 전혀 다른, 어느 먼 나라의 동화나 꿈속 같은 정취를 가진 작은 별천지가 있었다. 작디작은 별천지. 그런데 그걸 보고 있으면, 그냥 작기만 한 것이 아니다. 한없이 넓고 큰 세계가 응축되어 있는 그런 작음이었다.
>
> - 『꽃을 묻다』 중에서

이 쓸쓸한 놀이가 나를 사로잡은 데에는 한 가지 이유가 더 있다. 이 놀이를 하는 시간대의 특별함이다. 나무에 오르거나 뛰노는 놀이에 지쳐갈 즈음, 해 질 녘 푸르스름한 공기의 포근함에 왠지 마음이 녹아들 때쯤에 이 놀이를 시작했단다. 그러니까 낮도 아니고 밤도 아닌 어스름 저녁의 파란 시간이다.

놀이를 하고 나서 가끔은 꽃을 흙 속에 묻어둔 채로 집에 돌아가기도 했는데, 그런 날 밤에는 흙 속에 묻어놓은 아름다운 꽃의 파노라마를 떠올리며 잠들었다고 했다. 꼭 엄마가 읽어주는 아름답고 따뜻한 그림책 한 권을 떠올리며 행복하게 잠드는 아이 같다. 그 마음이 얼마나 순순했을까?

이토록 아름다운 추억을 간직한 작가에게 어찌나 질투가 나던지, 정녕 나에게는 이런 놀이가 없었을까? 나의 어린 시절을 꼼꼼히 더듬어 보았다. 다행히 나에게도 꽃과 관련된 아름다운 추억 하나가 떠올랐다.

뒷산을 배경으로 완만한 언덕 위에 자리 잡은 나의 초등학교는 교정 앞에 작은 운동장 크기만 한 꽃밭이 있고, 조금 가파른 계단을 내려가면 진짜 운동장이 나왔다. 운동장을 빙 둘러싼 학교 담장 저만치에는 호수가 앞산을 바라보고 길게 누워 있었다. 그림처럼 아름다운 우리 학교가 다른 학교보다 조금 특별한 점은 바로 작은 운동장 크기만 한 꽃밭이 있다는 것이었다. 온갖 종류의 꽃들이 꽤 질서 정연하게 심어져 있었는데, 그 수

많은 꽃들 앞에는 옆으로 누운 하얀 삼각기둥에 꽃이름이 적혀 있었다. 우리의 놀이는 '꽃이름 찾기'였는데, 술래가 꽃이름을 말하면 다른 아이들은 재빨리 꽃이름이 적혀 있는 삼각기둥 앞에 서야 했다. 꽃이름을 아는 것은 물론이려니와 그 꽃이 정확히 어디에 있는지도 알아야 더 신이 나는 놀이였다. 혼자 있을 때 꽃밭을 서성이며, 또는 꽃밭을 오갈 때 꽃과 눈 맞추며 이름을 불러주려고 애썼던 다정한 시간들이 선연하다. 이기고 지는 놀이가 아니라서 누가 더 좋을 것도 없이, 술래가 되든 안 되든 다 같이 즐거울 수 있어서 좋았다.

요즘 아이들은 어떤 아름다운 놀이를 혹은 어떤 쓸쓸한 놀이를 추억하게 될까?

그나저나 나는 오늘 밤 아름다운 꽃의 파노라마를 품은 작디작은 별천지로 꿈속 여행을 떠나기를 기대해보련다.

(산문 속에 이토록 동화 같이 아름다운 이야기를 담은 니이미 난키치는 일본의 안데르센으로 불린다.)

||||||||||||

꽃을 묻다
니이미 난키치 외 저, 시와서

── 마당의 정서를
거닐다

 마당은 나에게 한 편의 서정시로 다가온다. 고향 집을 떠나온 뒤로 한 번도 마당을 가지지 못했지만, 가슴 속에는 항상 마당이 깃들어 있다. 풍부한 이미지로 선명하게 펼쳐지는 어린 시절의 마당으로 시시때때로 놀러 가곤 한다. 산속 마을 외딴 집의 아담한 마당이다.
 담장이 없기에 소나무 숲과 소나무 오솔길 사이로 들판, 저 멀리 호수까지 확장하는, 세상에서 가장 너른 마당이기도 하다. 추운 겨울을 빼고는 마당에서 점심과 저녁까지 먹었다. 무더운 여름에는 아침도 마당에서 먹었다. 그러니까 우리 집 마당은 요즘의 거실이었던 셈이다. 내리는 볕의 각도에 따라 이리저리 옮겨 다닌 마당의 멍석은 카펫이었다.
 밥만 먹은 게 아니다. 감나무 아래 멍석에서 밥상을 책상 삼아 숙제를 하고 까무룩 낮잠도 잤다. 마당을 자신의 그림자로 다 덮고도 남을 만큼 커다란 감나무는 가을이면 어른 주먹만 한 감을 오백 개도 넘게 내어주는 대단한 감나무였다. 숙제를 끝내고 입이 심심할 즈음 투둑! 하고 홍시가 떨어지면 나는 감나무가 숙제 잘했다고 주는 선물이라고 생각하곤 했다.

마당 귀퉁이에 있던 돌확은 또 어떠한가? 빨간 고추를 갈아 그 자리에서 김치를 담그고 토란국을 끓이기 위해 들깨를 갈던 곳. 가끔은 새들이 목을 축이고 가는 옹달샘이기도 했는데, 돌확은 믹서기로서의 실용적인 쓰임 이외에 어떤 아름다움의 장소이기도 했다. 어쩐 일인지 돌확 주위에는 봉숭아꽃 몇 송이가 피어 있거나 오종종한 하얀 별 모양의 어여쁜 부추꽃도 있었다. 돌확과 붉은빛의 봉숭아꽃, 돌확과 하얀 부추꽃의 어울림은 소박하지만 지극히 고요한 정취를 자아냈다. 지금은 그리움과 애틋함과 아련함의 정경으로만 남았다.

연기가 왜 나만 따라다니냐며 멍석 위에서 이리저리 뒹굴던, 모깃불이 있던 어느 여름날의 저녁도 그립다. 모깃불로는 적당히 마른 쑥대궁이 최고라지. 30촉 백열등 밑에서 저녁을 먹고 나면 희미한 전등마저 꺼버리고 멍석 위에 앉거나 누워서 하늘을 바라보았다. 하늘이 곧 텔레비전이었다. 시골의 산속이었으니 별들은 또 얼마나 많이 반짝였을까? 한 달에 한 번 대낮처럼 마당을 밝히던 보름달은 또 어떻고? 들리는 건 풀벌레들의 합

창과 논고랑 떠나갈 듯 왁자한 개구리 울음소리. 그리고 이따금 칼로 무를 써는 것 같은, 쏙쏙쏙쏙쏙쏙~ 쏙독새 울음소리가 살며시 섞여들곤 했다. 마당굴의 닭장과 밤나무 옆의 토끼장, 눈이 유난히 많이 내린 날이면 하얀 이불을 푹 뒤집어쓴 포근한 장독대. 마당의 주인공들을 하나하나 불러내 그 사연을 풀어놓자니 끝이 없다.

어른이 된 나에게 어린 시절의 마당은 미하엘 엔데의 『모모』에 나오는 사랑스러운 주인공 모모 같기도 하다. 온갖 생명의 수런거림이 가득한 마당이, 날씨와 계절을 온몸으로 느낄 수 있는 마당이 나를 키운 셈이다. 더 정확히는 마당으로 인해 내 영혼이 따뜻하고 풍요로울 수 있었다. 마당이 주는 깊은 차원의 정서에 물드는 시간이었다고 해야 할까? 그러니까 나는 마당 예찬론자이다.

산문집을 읽더라도 목차 중에 '마당'이란 단어가 들어가면 무조건 일 순위로 읽는다. 가장 행복한 시간을 보낸 건 어린 시절 마당이 있던 옛집이었다는 김소연 시인, 한 걸음 내딛기도 힘든 날이면 마당으로 간다는 라문숙 작가, 마당에 나오면 다른 내가 된다는 김혜련 작가의 산문집을 읽은 건 순전히 우연 같은 필연이다. 어린 시절 마당의 정서로 푹 절여진 영혼이 마법처럼 끌어당겼을 테니. 아침마다 마당의 순진한 꽃들과 눈맞춤 하는 재미로 산다는 박완서 선생님의 산문을 읽으면서는 마당의 정서를 아는 사람들끼리의 은밀한 연대감을 느꼈다.

   마당의 정서를 아는 사람들끼리 모여 마당 파티를 열고 싶은 바람이 있다. 삶터에서 문학의 여백으로 승화된 마당에 대한 글을 낭독하기도 하면서. 각자의 마당에 대한 서사를 풀어놓는 자리에 얼마나 많은 결들의 감정이 포개지고 또 엇갈릴 것인가? 그 감정의 결들 사이에는 따뜻한 그리움과 마법같은 편안함이 소복소복 쌓일 것이다.

||||||||||||||

깊이에 눈뜨는 시간
라문숙 저, 은행나무

나를 뺀 세상의 전부
김소연 저, 마음의숲

밥하는 시간
김혜련 저, 서울셀렉션

모래알만 한 진실이라도
박완서 저, 세계사

시(詩)다운 사람이 되고 싶다

 시(詩)를 사랑한다. 대개는 시가 어렵게 느껴질 때가 더 많지만, 그럼에도 좋아한다. 무턱대고 좋아한다. 시인도 좋아한다. 하지만 가슴 속 깊이 질투를 숨기고서 좋아한다. 우리 레오가 발톱을 숨긴 채 내 뺨을 쓰다듬는 것처럼. 시인의 자리는 내가 어찌해도 다다를 수 없는 곳이라 더욱 그렇다.

 시를 사랑하는 나에게 언젠가부터 '시답잖다'는 말이 흘러들 때마다 시답잖다의 '시'가 '시(詩)'로 들리기 시작했다. 사실 시답잖다의 시는 '실(實)'에서 나온 말로, '볼품이 없어 만족스럽지 못하다'라는 뜻이다. 나도 잘 알고 있다. 하지만 시치미 뚝 떼고 그냥 시(詩)로 생각하고 싶다. 나도 어쩔 수 없이 그러고만 싶다. 이쯤에서 한 가지 궁금증이 일어난다.

 시답잖다가 부정적 의미라면 분명 그것의 긍정어 '시답다'가 있을 텐데, 시답잖다는 말은 많이 들어봤어도 시답다는 말은 한 번도 들어보지 못했다. 없는 말일까 싶어 또 사전을 뒤적여본다. 시답다는 '마음에 차거나 들어서 만족스럽다'는 뜻이란다. 그렇다면 물론 이 경우도 시는 '실(實)'에서 나온 말일 테다. 하지만 나는 이번에도 역시 시답다의 시를 '시(詩)'로 생각하기로 한다. 아니 오히려 더 적절하다고 우기고 싶다.

시인은 어떤 슬픔 앞에서 가장 먼저 예민하게 그 슬픔을 알아차리고, 그러니까 가장 먼저 울기 시작해서 가장 늦게까지 우는 사람이라고 어느 책에선가 읽었다. 그런 마음결을 지닌 시인이 쓴 시를 많이 읽는다면 시인은 못돼도 '시(詩)다운 사람'은 되지 않을까 하는 억지 주장이라도 해본다.

시다운 손길로 누군가의 아픔을 어루만지고 시다운 눈빛으로 바라보고 시다운 발걸음으로 걷다 보면 '시(詩)다운 사람'이 되어 있지 않을까? 아름다운 문장을 많이 읽으면 어쩔 수 없이 아름다운 사람이 된다지 않는가?

심보선 시인은 세상에는 '두 번째 사람'이라는 존재가 있는데, 시인이 바로 그런 사람이라고 했다. 그러면서 '시란 두 번째로 슬픈 사람이 첫 번째로 슬픈 사람을 생각하면서 쓰는 거'라고 말한다(시집 『오늘은 잘 모르겠어』에 수록된 시 〈형〉에서). 고통받고 피 흘리는 첫 번째 사람 바로 옆에서 통곡 소리를 귀로 듣고 피도 닦아주는 두 번째 사람이 시인이라고 말이다.

〈나는 한국인이 아니다〉라는 시에서 '나는 아픔이며 고통이며 투쟁이며 연대다'라고 정언처럼 스스로를 명명한 송경동 시인을 떠올리면 과연 그러하다. 고개가 깊숙이 끄덕여진다.

두 번째 자리에 시인만 있는 건 아니다. 쌍용자동차 해고 노동자와 그 가족들, 그리고 세월호 유가족들 옆에서 처음부터 가장 늦게까지 자리를 지킨 『당신이 옳다』의 정혜신 정신건강의학과 전문의, 『그냥, 사람』을 쓴 홍은전 인권활동가. 내가 아는 두 번째 자리의 드물고도 귀한 사람들이다.

그동안 나는 몇 번째 자리에 있어 왔을까?

시(詩)다운 사람이 되어 두 번째 자리에서 자꾸만 멀어져가는 나를 붙들어 두 번째 자리는 아니더라도 세 번째, 아니 네 번째 자리까지만이라도 뽀짝뽀짝 다가서 보려고 한다.

|||||||||||||

오늘은 잘 모르겠어
심보선 저 문학과지성사

나는 한국인이 아니다
송경동 저, 창비

당신이 옳다
정혜신 저, 해냄

그냥, 사람
홍은전 저, 봄날의책

─── 모항은
가보았니?

　생각만으로도 가슴에 물기가 어리며 그리움이 휘몰아치는, 너무 아름다워서 슬픈 장소를 가졌는가? 나에게는 모항이 있다. 혼자만 알고 싶어서, 조약돌마냥 조그맣고 아담해서 예쁜 보자기에 폭 싸서 주머니에 쏙 넣고 싶은 바닷가 마을이다.
　입술을 야무지게 움직여 '모~항'이라 소리 내어 말해보면 이름 또한 어찌나 사랑스러운지, 어린왕자의 소행성 B612를 닮은 것도 같다.

　『빨간 열매』라는 그림책에 나오는 아기곰은 이십 대의 나를 떠올리게 한다.
　어느 날, 혼자 일찍 일어난 아기곰은 머리 위로 톡 떨어진 빨간 열매의 맛에 반해 더 많은 빨간 열매를 위해 나무 위로 오른다. 나무 위에 빨간 열매가 있다는 확신도 없이, 정확한 위치도 모른 채 무작정 나무에 오른다. 매번 기대에 어긋나도 오르고 또 오르고, 또 또 오른다. 절대로 포기하는 법이 없다. 어쩌면 엎어지고 넘어지고 미끄러지는 과정 자체를 즐기는 것도 같다. 뭔가 어설프고 무모해 보이지만 그런 아기곰을 열렬히 응원하게 된다. 수많은 가능성을 품었던 이십 대의 나도 그랬으니까.

겁 많고 달팽이보다 더 느린 속도로 느림의 미학을 펼치는 나도 바쁘게, 무모하리만큼 씩씩하게 뛰어다니던 시절이 있었다. 하지만 나는 아기곰과 결정적으로 다른 점이 있었다.

나는 많이 좌절했고 그로 인해 조금 더 많이 우울했다. 게다가 마음속에는 항상 불안이 세 들어 있었다. 총체적인 모호함과 불확실함이 데려온 불안이었다. 마음이 좌절과 우울과 불안에 잠식되어 도무지 작은 시도조차 힘겨워질 때, 나는 모항으로 떠났다. 배낭 하나 달랑 메고. 떠날 힘이 있어 다행이었고, 떠날 곳이 있다는 건 행운이었다.

모항은 격포에서 그 유명한 관광지 채석강은 눈길도 주지 않고 마냥 기다렸다 제멋대로인 듯한 마을버스를 타면 오른쪽에 바다를 끼고 구불구불 해안도로를 달려 당도한다. 버스정류장의 푯말이 있었던가, 없었던가. 자동차로 가면 십중팔구 그냥 지나쳐 다시 되돌아오게 되는 곳. 안도현 시인은 〈모항 가는 길〉(『외롭고 높고 쓸쓸한』)에서 모항을 아는 것은 변산의 똥구멍까지 속속들이 다 안다는 뜻이라고 했다. 모항에 도착하기 전에 풍경에 취하는 것은 촌스러운 일이라고. 더 훌륭한 풍경의 모항이 기다리고 있으니. 하여간 너무 한적해서 고즈넉하기까지 한 바닷가 시골 마을, 모항에 마음을 온통 빼앗기고 말았다.

손바닥만 한 하얀 모래사장을 둘러싼 소나무숲을 천천히 걸어 널찍한 바위 위에 털퍼덕 앉는다. 쨍한 가을볕에 적당히 데워져 엉덩이가 뜨뜻한 게 기분이 벌써 좋아진다. 바닷물이 빠져 훤히 드러난 갯벌이 서럽도록 아름답게 반짝이고 있다. 이토록 대책 없는 아름다움은 갯벌이 들숨 날숨으로 수많은 생명들을 품고 있기 때문일까? 바다의 매혹적인 속살을 하염없이 하염없이 바라본다. 어머니의 아늑한 자궁 같은 갯벌에 폭 안겨 끝 모를 잠에 빠져들고 싶다.

얼마나 시간이 흘렀을까? 저 멀리 천천히 밀려오는 물빛이 보일 즈음, 내 마음의 응어리도 뭉근해지며 비워지고 다시금 고요로 차곡차곡 채워진다. 출렁이는 고요의 힘으로 접힌 다리를 펴며 사위어가는 가을볕에 잠긴 마을 골목길을 걷는다. 바다가 코앞에 내다보이는 마당에서 서리가 내리기 전에 거둬들인 콩을 두들기는 할매 앞에 쪼그려 앉아 수다를 떨기도 한다. 그러다가 할 말이 없으면 그저 할매도 웃고 나도 실없이 웃고. 별것 아닌 일에 어떤 온기가 차오른 듯 벌써 마음이 넉넉해진다.

엉거주춤 일어나 처음에 앉았던 그 바위로 발걸음을 서두른다. 어느새 어스름이 내리고 바다가, 마을이 온통 붉은빛으로 물들어간다. 내가 아는 한 세상에서 가장 아름다운 노을의 시간이다. 노을 지는 모습이 너무 슬프도록 아름다워서 그 작은 행성에서 의자를 무려 42번이나 옮겨가며 하루에 42번이나 노을을 봤다던 어린왕자에게 꼭 보여주고 싶은 모항의 노을이다. 슬플 때는 누구나 해가 저무는 게 보고 싶은 법이라던 어린왕자. 그런 어린왕자의 마음을 달래주었던 것도 아늑하게 해가 저무는 풍경이었다지.

대책 없이 아름다운 바다의 속살, 갯벌과 세상에서 가장 아름다운 노을을 보고 나면 나도 얼마간은 잘 살아갈 수 있었다. 가장 힘들었던 나의 이십 대의 불안과 좌절과 우울을 포근하게 안아준 모항에서의 시간, 벌써 이십여 년 전의 일이다.

지금은 개발되어 내가 앉아 있던 그 자리에는 가족호텔이 들어서 있고, 조용하던 마을이 관광지가 되었다. 시골을 시골로 두지 않음에, 아름다움이 아름다움으로 남아있지 못함에 씁쓸하지만, 난 여전히 이십여 년 전의 마음으로 그곳에 간다. 지금의 풍경을 지우고 가슴 속에 담아둔 조용한 시골 마을을 풀어놓는다.

그러고는 옛날의 고즈넉한 모항을 기억하는 안도현 시인의 시 〈모항으로 가는 길〉(『외롭고 높고 쓸쓸한』)을 읽는다. 그것만으로도 충분하다. 함께 추억할 수 있는 이가 있다는 사실에 안심이 된다.

|||||||||||||||

빨간 열매
이지은 글·그림, 사계절

외롭고 높고 쓸쓸한
안도현 저, 문학동네

───── 가을 햇볕과 바람이
만든 맛

 요리를 잘하는 편은 아니지만 무말랭이무침은 자신 있다. 자화자찬이 아니다. 결혼 후 여태껏 김장김치를 친정에서 가져다 먹지만 무말랭이만은 내가 친정엄마에게 해드린다.
 무말랭이무침을 하자면 참 번거롭다. 그럼에도 나는 무말랭이무침 만드는 걸 좋아한다. 번거로움을 무릅쓰고 만들어 먹을 만큼 무말랭이를 좋아하는 것도 아니다. 그저 무말랭이무침 만드는 게 즐겁다.
 우선은 내 무말랭이무침을 좋아하는 아래층 언니에게 나눠 줄 생각에 기쁨이 앞서고, 나의 유일한 음식, 무말랭이무침을 맛있게 드실 친정엄마를 생각하면 뿌듯하다. 친정엄마를 넘어서는 반찬이 한 가지라도 있다는 게 좋다.
 무말랭이와 관련된 사람들이 줄줄이 떠오르는 것 또한 번거로운 일에 즐거움을 더한다.

　가장 먼저 일본의 소설가 무라카미 하루키의 『밸런타인데이의 무말랭이』를 빼놓을 수 없다.
　재즈 음악이나 들으며 와인을 홀짝여야 딱 어울리는 밸런타인데이에 세계적인 소설가가 무말랭이 조림을 직접 해서 저녁을 먹는 이야기다. 이야기도 흥미롭지만 길바닥에서 비닐봉지에 담긴 무말랭이를 사 들고 온 하루키의 마음결 또한 예사롭지 않다. 한 번도 먹어보지 못한 무말랭이 조림은 무슨 맛일까. 하루키의 레시피대로 한번 해보고 싶다.
　무말랭이를 좋아한다는 소설가 김훈의 무말랭이 묘사는 압권이다. 문학적으로 아름다울 뿐만 아니라 무말랭이의 맛과 품격을 한 차원 끌어올린다.
　'무말랭이를 씹으면 섬유질의 골수에 배어있는 가을 햇볕의 맛이 우러난다.'라는 문장(『연필로 쓰기』)은 무말랭이를 먹을 때마다 햇볕의 맛을 찾아준다.
　그렇지! 기계로 말린 무말랭이는 무말랭이라고도 할 수 없지.

　내 고향 집 시골 마당의 풍경이다. 밭에서 싱싱하게 초록으로 자라던 무가 친정엄마 손끝에서 싹둑싹둑 잘려 장독대 위 채반에 가지런히 놓인다. 귀밑이 저릿저릿해지는 가을볕과 청명한 바람이 여드레 정도 드나들면 은연하게 하얀 빛깔로 짙어간다. 가을 무의 하얀 밑동과 윗부분의 연초록에 햇살이 통과하면서 조화롭게 어우러진 빛깔은 맛깔스러움을 더해준다.

요즘 아이들에게 무말랭이는 시골스러운 맛이거나 어른의 맛으로 치부되는 한낱 반찬일 뿐이나, 시인에게는 시로 다가오기도 하는 귀한 존재이다.

시골집 마당에서 가을볕에 꼬들꼬들, 맑은 바람에 설렁설렁 말라가는 무말랭이를 보며 안도현 시인은 쭈글쭈글 주름지고 빼빼 말라가는 외할머니를 떠올린다. 시인의 〈무말랭이〉(『간절하게 참 철없이』)라는 시는 그렇게 탄생했다. 시를 읽고 나면 역시나 무말랭이의 핵심은 감미료를 편편 뿌려주는 가을볕에 있음을 실감하게 된다. 서럽도록 맛있고 정겨운 무말랭이는 결코 외할머니를 외면할 수 없다는 사실도.

소설가 김훈의 문장과 안도현의 시로 인해 무말랭이에 가을 햇살의 맛과 아릿한 추억의 맛이 더해졌다.

이렇듯 무말랭이무침을 만드는 일은 풍성한 서사와 선명한 이미지, 따듯한 서정을 데려온다. 즐겁지 않을 수 없다. 차분히 정성을 다하지 않을 도리가 없다.

그래도 그렇지 무말랭이무침에 대한 나의 자신만만함은 어디서 왔을까? 맛의 비결이 뭘까? 나만의 비법을 살짝 소개해본다.

친정엄마의 손길을 거친 무말랭이를 깨끗하게 씻어 소쿠리에 담아둔다. 꼬들꼬들 말린 무말랭이가 퉁퉁 불도록 물에 담가두지 않도록 주의한다. 넉넉히 만든 양념장에 씻어놓은 무말랭이가 자작자작하도록 담가둔다. 넉넉한 양념장이 무말랭이에 은근하게 스미면서 간이 배는 동시에 아직은 딱딱한 무말랭이가 양념장의 수분으로 부드러워지는 것이 핵심이다. 그래야 소리까지 맛있는, 오도독오도독 소리를 내는 꼬들꼬들한 무말랭이무침이 완성된다.

오랜만에 오늘은 무말랭이무침의 시간이다. 안도현 시인의 〈무말랭이〉를 암송하고, 소설가 김훈의 무말랭이 문장을 만나고, 그리고 고향 집 마당 장독대에서 오랜 시간 서성거렸을 친정엄마에게 전화를 건다. 내일은 아래층 언니에게 무말랭이무침을 건네고 따듯한 차를 얻어 마셔야겠다.

IIIIIIIIIIIII

밸런타인데이의 무말랭이
무라카미 하루키 저, 안자이 미즈마루 그림, 김난주 역, 문학동네

연필로 쓰기
김훈 저, 문학동네

간절하게 참 철없이
안도현 저, 창비

양념장 만들기
다시마 육수에 매실액과 멸치액젓과 양조간장을 적당량 넣고 팔팔 끓인다. 식힌 후에 고춧가루, 파, 마늘, 깨소금, 조청을 넣어 걸쭉하게 만든다. 양념장에 멸치액젓을 넣는 것이 핵심이다.

―― 위로와 축하의 말의
허전함을 채우려면

얼마 전에 SNS에서 이런 글을 읽었다.

함께 슬퍼해 주는 친구도 귀하지만,
함께 기뻐해 주는 친구는 더 귀하네.

순간 가슴이 덜컥 내려앉았다. 축하의 말보다는 타인의 고통에 기꺼이 동참하는 나를 깊숙이 들여다봐야겠다는 생각이 들었다. 그런데 왜 그리 가슴이 덜컥한 거지? 내 안의 부정적인 감정이 감지된 걸까?
이런 문장에 가슴이 덜컥하는 마음까지도 함께 들여다본다.
타인의 기쁜 일에 기꺼이 축하하는 마음이 아니라 마음속에 질투의 감정이 녹아 있는 게 아닐까? 스스로를 속이며 교묘하게 감추어져 있던 질투의 감정을 예리하게 지적하니 덜컥한 게 아닐까? 내 안에 숨어있던 질투라는 부정적인 감정을 대면하려니 겁이 났던 게 아닐까?

이재무 시인은 〈내 안의 적들〉(『슬픔은 어깨로 운다』)이라는 시에서 보통의 인간은 엇비슷하던 이웃이 자신보다 잘나갈 때 고통과 불안을 느끼며, 노예들은 주인을 경원하거나 질투하지 않는다고 했다.

보통 사람이라면 누구나 질투를 느끼는 게 자연스러운 일임을 잘 보여주는 문장이라 할 수 있다. 질투라는 감정과 함께 고통과 불안이 동반된다는 사실도. 그러니 질투라는 자연스러운 감정을 처리하는 태도가 중요해 보인다. 그렇다면 마음을 깎아 먹는 내 안의 적, 질투라는 감정을 어떻게 다루어야 할까?

『인생수업』의 작가 엘리자베스 퀴블러 로스의 경험담을 읽으면 조금은 실마리를 얻을 듯도 하다.

시카고대 교수였던 엘리자베스 퀴블러 로스가 학생들에게 가장 인기 있는 교수로 뽑혀 상을 받게 되었다. 상을 받은 축복의 날, 다들 평소처럼 친절하게 대했지만, 누구도 상에 대해서는 언급하지 않았다. 엘리자베스는 미소 뒤에서 그들이 말하지 않는 무엇인가를 느꼈다. 저녁때가 되어서야 동료 교수 한 명이 축하의 꽃다발을 보내왔다. 이렇게 적힌 카드와 함께.

질투가 나서 죽을 지경이지만, 어쨌든 축하해요.

질투에 사로잡힌 우리들 모두의 모습이기도 하다. 하지만 질투에 사로잡힌 그 모두들 중에서 이렇게 자신의 감정에 솔직한 사람만이 진정한 자신과 가까워질 수 있는 사람이다. 더불어 동료의 기쁜 일에 솔직한 축하를 함으로써 진정한 친구 관계 또한 이어갈 수 있다. 우리가 수시로 건네는 축하의 말과 질투의 감정은 이토록 촘촘히 연결되어 있다.

축하의 말이 질투라는 감정에 잡아먹히지 않도록 예민하게 감각을 벼리는 게 중요하겠다.

|||||||||||||
슬픔은 어깨로 운다
이재무 저, 천년의시작

인생수업
엘리자베스 퀴블러 로스 저, 류시화 역, 이레

―― 상추쌈을 아삭아삭
먹으며

초인종 소리에 모니터를 보니 아래층 아주머니다. 층간 소음 때문에 몇 번 올라온 적이 있고 바로 그제도 올라왔던 터라 가슴이 덜컥한다. 긴장하며 문을 여니 수줍게 웃으며 종이백을 건넨다. 방금 밭에서 따온 상추라고 한다. 예상치 못한 상황에 나는 떠듬거리며 어젯밤은 소음이 괜찮았는지부터 묻는다. 또 수줍게 웃으며 아들이 아예 다른 방으로 옮겼다고 한다. 나는 또 어떡하냐며 별 영양가 없이 미안한 마음만 전하며 상추는 반갑게 받아든다. 층간 소음 문제로 여러 번 올라왔지만, 나는 아래층 아주머니에게 나쁜 감정이 전혀 없다. 미안한 마음만 가득할 뿐. 그저 소음 발생의 원인을 찾아내려 애썼고, 원인을 모르기에 더 더 발걸음을 조심한다. 엘리베이터에서 아주머니를 마주치면 요즘은 소음이 없는지부터 묻곤 한다. 그런 나의 진심을 알아챈 것인지, 아주머니 마음결이 고운 것인지 하여간 아주머니도 나에게 나쁜 감정은 없는 듯하다. 좋은 감정일 리 없는 층간 소음 문제가 불거졌지만, 어쩐 일인지 서로 감정을 상하지 않았다는 게 신기하다. 감정부터 앞세우지 않고 서로 마음을 활짝 열고 상대를 배려하며 근본적인 문제 해결에 집중했기 때문이 아닐까? 기분이 태도가 되지 않는 방식으로.

아주머니가 건넨 상추를 한 장 한 장 씻는다. 단정하게 잘 개킨 빨래마냥 가지런하게 정돈된 상추를 뽀드득 뽀드득 씻는다. 상추의 초록빛이 더 짙어진다. 더 싱그러워진다. 점심으로 사근사근 상추쌈 먹을 생각에 내 기분도 싱그러운 초록빛으로 더 짙어진다. 더운 여름날 잃어버린 입맛도 다시 돌아올 만큼 나는 아삭아삭 상추쌈을 좋아한다.

싱싱한 상추 한 장에 고슬고슬 갓 지은 하얀 쌀밥을 올려려다 말고, 입에 고인 침을 삼키며 조선 후기 실학자 유득공을 떠올린다. 상추쌈이라면 유득공의 시가 으뜸이기 때문이다. 오래전에 『책만 보는 바보』에서 만났는데, 상추만 보면 기필코 유득공의 상추쌈이 떠오른다.

쌈장에다 생선회도 곁들이고 부추에 하얀 파까지 섞어 싼, 꽃봉오리같은 연꽃 모양의 상추쌈을 양 볼이 북 모양이 되도록 먹는다는 건 선비답지 못한 일인데, 그것도 모자라 사근사근 씹는 소리까지 내가며 먹는 모습이라니. 싱그러운 초록잎과 생선회의 흰색과 붉은 쌈장이 빚어내는 선명한 이미지가 세상에서 가장 맛있는 상추쌈에 고명처럼 올라있다. 게다가 청각과 미각 등 공감각적 이미지는 시에 생생함과 재미를 더해준다. 유득공이니까 가능한 일이렸다.

'책만 보는 바보' 이덕무와 그의 벗들은 마음이 울적하고 괴로운 일이 생기면 유득공을 찾았다고 한다. 그에게는 사람의 마음을 어루만지고 편안하게 하는 독특한 기운이 있었다고 한다. 특별히 박제가는 유득공의 마음속에는 우물 하나가 있는 것 같다고 했다. 어떤 근심 걱정도 한 번 담갔다 하면 사뿐하게 길러져 밝은 웃음으로 올라오게 하는 우물 말이다.

사근사근 기분 좋게 씹히는 상추쌈 많이 먹고 마음 깊숙이 유득공의 우물을 파고 싶다는 바람을 가져본다(사실, 유득공의 우물은 오래전부터 탐을 내왔다). 상추쌈 많이 먹을 자신은 빵빵한데. 바란다고, 탐을 낸다고 내 가슴에 유득공의 우물을 들일 수 있을까? 금강산도 식후경이라니 일단 유득공의 시처럼 상추쌈을 먹고 나서 생각해 보기로 한다.

싱싱한 초록빛 상추에 고슬고슬 하얀 쌀밥, 얇게 저며 올리브유에 구운 새송이버섯 두 쪽, 어슷썰기 한 청양고추를 곁들인 쌈장, 그리고 향긋한 당귀 한 줄기 올려 살포시 오므린 꽃봉오리 상추쌈이다. 사근사근 씹으니 입 안 가득 진한 상추향과 당귀의 은은한 한약 냄새가 한층 입맛을 살아나게 한다.

아, 행복한 상추쌈의 시간이 흘러가고 있다.

이 행복을 무엇으로 보답할까?

상추쌈으로 점심 한 끼를 훌륭하게 마친 나는 종이백에 알이 굵은 놈으로 주섬주섬 양파를 담는다. 그러고는 짤막한 쪽지를 살짝 얹어 아래층 현관문에 걸어둔다.

> 802호입니다. 상추 너무 맛있게 먹었어요. 별건 아니지만 친정엄마가 직접 키운 양파 좀 드려요. 그리고… 소음 때문에 불편을 드려 매번 죄송합니다.

다음날 우리 집 현관문에 내가 보냈던 종이가방이 걸려 있었다. 들여다보니 싱싱한 아삭이 고추 위에 쪽지가 놓여 있었다.

> 양파 감사합니다. 잘 먹겠습니다. 702호

||||||||||||

책만 보는 바보
안소영 글, 강남미 그림, 보림

─── 오소리네 집 꽃밭에
다녀왔다

_층층잔대

  봄날의 어떤 꽃들은 홀로 오지 않는다. 진달래꽃은 김소월과 함께 오고 감자꽃은 권태응이 데려오고 찔레꽃은 장사익이 데려온다. 유월인 지금은 『넉점반』의 아기가 데려온 진분홍 접시꽃이 한창이다. 그리고 곧 『오소리네 집 꽃밭』의 오소리 부부가 데려올 층층잔대가 오늘내일하고 있을 것이다. 패랭이꽃이 피었으니 이제 자기 차례라고 긴장하며 꽃망울을 부풀리고 있을 것이다.
  유월 중순 즈음부터 나 또한 층층잔대 때문에 애를 끓인다. 잔대꽃 보는 일을 놓치면 어쩌나 하는 잔걱정 때문이다.
  유월이 끝나가는 어느 날, 내가 오소리 부인이라 부르는 둥지 언니에게 문자를 보냈다.

요즘은 수업 때문에 바쁜가요? 풀 때문에 바쁜가요?

\- 수업이랑 풀이랑 둘 다!

언니의 오소리네 집 꽃밭은 잘 있나요? 잔대꽃도?

\- 그럼! 목요일 지나고 금요일 오후에 와요!

실은 잔대꽃 보러 가고 싶은 마음을 에둘러 말한 것인데 딱 알아차리고 금요일에 오란다.

마당 있는 집에 사는 둥지 언니 부부는 마당을 가로질러 산길로 오르는 풀밭에 꽃밭을 만들었다. 꽃밭이라기보다는 풀밭에 나뒹구는 울퉁불퉁한 돌들을 주워다 타원형으로 경계를 지워 만든 자그마한 풀꽃밭에 가깝다. 나는 이 풀꽃밭을 처음 봤을 때부터 오소리네 집 꽃밭이라 불렀다. 마땅히 오소리네 집 꽃밭이었다. 그림책『오소리네 집 꽃밭』에서 오소리 부부가 만든 꽃밭의 주인공인 패랭이꽃과 용담이 있고, 무엇보다『오소리네 집 꽃밭』덕분에 내가 처음으로 알게 되어 흠뻑 빠져버린 잔대꽃도 있으니 오소리네 집 꽃밭이 틀림없다.

잔대꽃 볼 생각에 설레는 마음으로 도착하니 둥지 언니는 감자밭의 풀을 매던 중이었다. 감자밭이 있는 텃밭은 꽃밭이 되어 있었다. 노오란 토마토꽃과 오이꽃, 보라색 가지꽃, 자잘하게 피어난 노란 갓꽃, 이제 막 꽃봉오리를 부풀리고 있는 당근

꽃과 방풍나물꽃, 그리고 안개꽃처럼 흐드러지게 핀 하얀 고수꽃까지, 갖가지 채소가 꽃을 피워내 텃밭을 아련하게 물들이고 있었다.

아, 이렇게나 아름다운 텃밭이라니!

오소리 부인의 텃밭은 역시나 특별했다.

감자밭에 풀 매는 일을 포기하고 이마에 흐르는 땀을 훔치는 언니를 보니 그제서야 나는 미안함과 함께 부끄러워졌다.

규모가 크든 작든 시골 사람에게 눈코 뜰 새 없이 바쁜 시절에 잔대꽃 보러 가는 철딱서니 없는 나라니!

이런 내 마음을 또 금방 알아차린 언니는 이런 참에 잠깐 쉬어가는 거라며 어느새 준비한 시원한 음료를 내왔다. 시선 닿는 곳마다 일이 널린 곳에서 바삐 움직이던 나무 선생님도 제님 씨 덕분에 잠깐 목을 축이게 됐다며 해맑게 웃었다. 그 바쁜 와중에 철딱서니 없는 제님씨를 위해 우리는 함께 더듬더듬 풀숲을 헤치고 오소리네 집 꽃밭으로 갔다.

잔잔하게 예쁜 패랭이꽃이 한창이었다. 언니는 경계선 안의 풀을 뽑아내며 아직 꽃을 피우지 않은 용담과 층층잔대와 마타리가 있는 곳을 나에게 알려주었다. 그때 나무 선생님의 다급한 목소리가 울려 퍼졌다.

"어, 거기 거기 용담 조심해요!"

"아이참, 거기 거기 마타리 조심하라니깐."

앞에서 지켜보던 나무 선생님은 행여나 용담이 뽑힐까, 마타리가 밟힐까 안절부절 노심초사였다. 그림책 속의 오소리네 부부 모습 그대로였다.

풀이 무성한 오소리네 집 꽃밭을 빙 둘러서서 꽃 이야기를 나누는 우리의 은빛 머릿결 위로 여름날의 석양빛이 막 내리고 있었다. 나는 순간 완벽한 시공간에 있는 것 같았다. 꼭 있어야 할 것만 있는, 최소한의 것으로도 이미 넘치게 충만한 공간 안에 내가 있었다. 그림책 속의 한 장면이 현실에서 그대로 재현되는 그림 같은 풍경 속에 내가 있다는 걸 놓치지 않으려 나는 온몸으로 느꼈다. 행복해지기 위해서 그리 많은 것이 필요하지 않다는 사실 또한 꼬옥 붙들어 맸다. 오소리 부부 덕분에 나 또한 그림 속의 풍경을 살아보는 시간이었다.

먼 훗날, 아니 당장 내일이라도 분명 그리워할 시간이 벌써 저만치 달아나고 있었다.

||||||||||||

오소리네 집 꽃밭
권정생 글, 정승각 그림, 길벗어린이

5부 인연의 무게

외로움이 나란한

우리의

시간

많은 시간을 홀로 보내며
외로움을 공기처럼 먹고살지만, 사실은
사람을 무척 좋아한다.
특히 외롭거나 슬픔을 감춘 사람을 한눈에 알아보는
재주가 있고, 그런 사람에게 관심이 많다.
소리 없이 아궁이처럼 따뜻함을 전하는 사람으로
곁에 나란히 앉아 있고 싶다.

── 아궁이 앞에서는
모든 게 괜찮았다

애써 균형을 잡고 있던 중심이 심하게 흔들릴 때, 겨우 나아가고 또 나아가는데 앞이 보이지 않을 때, 나는 어디론가 떠났다. 도무지 어떻게 살아야 할지 모를 때도, 뭔가를 해볼 자신감이 현저히 떨어지거나 내 자신이 참을 수 없이 후져 보일 때도 떠났다. 영화 〈리틀 포레스트〉의 혜원처럼 도시의 삶에 지쳐 무기력해질 때도 떠났다. 떠날 이유는 여름날의 무성한 나뭇잎만큼이나 많았다. 나의 이십 대 시절의 이야기다.

자꾸 어디로 떠났단 말인가? 떠날 곳이 그리도 많았단 말인가? 내 마음이 향한 곳은 단 한 곳, 전북 진안의 시골 마을에 있는 봉희 언니네 마당이다. 봉희 언니 얘기를 하자면 이십여 년 전으로 거슬러 올라가야 한다.

애기쑥이 막 올라오는 어느 봄날, 나는 딱딱한 책상에 앉아 하품을 하며 정기구독하던 잡지를 펄럭펄럭 뒤적이고 있었다. 봄날의 나른함에 자울자울하다 잡지 속 사진 하나에 졸음이 싸악 달아났다. 엄마 아빠로 보이는 부부와 올망졸망한 아이 셋이 지붕 낮은 흙집 앞 토방에 폭삭이 앉아 환하게 웃고 있는 사진이었다. 흙바닥에 주저앉은 그들은 무엇이 그리도 행복한 걸까? 사연이 담긴 기사를 빠르게 읽어내렸다.

도시에 살던 부부가 전통 옹기 일을 하기 위해 흙가마가 있는 마을로 내려가 옹기 일을 하고 있단다. 사진 속의 환한 웃음을 봤을 때부터, 사연을 읽는 중에도, 다 읽고 나서도 그곳에 가보고 싶은 생각이 간절하게 일렁였다. 옹기에 관심이 있어서라기보다는 그런 순정한 웃음을 가진 사람을 꼭 만나보고 싶었던 것 같다. 의식하지 못했지만 오랫동안 바라고 바라왔던 간절한 꿈을 마주한 것 같았다. 무슨 방법이 없을까? 궁하면 길이 있다고 기사 어딘가에 아주 작은 글씨로 주소가 나와 있었다. 그런데 주소로 뭘 어쩐다지? 주소를 앞에 두고 시름이 깊어졌다. 무작정 찾아갈 수도 없고.

망설임과 고민 끝에 내가 잘 할 수 있고 가끔 애용하는 편지를 띄워보기로 했다. 진심을 담아 편지를 보내면 간절한 마음이 가닿지 않을까? 그런데도 상대방 마음이 동하지 않는다면 그땐 별수 없는 게지. 그런 마음으로 길고도 긴 편지를 띄웠다.

그리고 기다림이 지루하지 않을 만큼의 시간이 흐른 후에 다정한 답장을 받았다. 그곳에 가는 방법이 두 가지로 자세하게 적혀 있었다. 그해 봄이 다 가기 전에 서둘러 내려갔다.

아무런 목적도 없는 너무나 생뚱맞은 방문인데다 초면이었음에도 오래 만나온 사람처럼 더없이 포근했다. 서울에서 내려온 손님이라고 수선떨지 않아서였을까. 더하고 뺄 것 없이 사는 모습 그대로 보여주는 수수함 때문이었을까. 그럼에도 사람에 대한 따듯한 태도만큼은 더없이 진실해서였을까. 저녁으로 구수한 쑥국을 먹으며 쉼 없이 수다를 떨고 나서 내가 머물 방에 불을 때기 위해 아궁이 앞에 쪼그려 앉았다. 연기를 맡으며 오늘 밤 묵을 방을 데울 장작이 고요히 타들어 가는 불길을 바라보면서도 우리의 수다는 이어졌다. 오랜만에 만난 친구처럼 이야기, 이야기, 이야기들을 토해내듯 쏟아냈다. 장작불이 다 사그라지도록 우리는 일어날 줄 몰랐다. 그렇게 맺어진 첫 만남이 이십여 년째 이어지고 있는 사람, 바로 봉희 언니가 그 주인공이다.

대여섯 살의 아이 셋을 돌봐야 하고, 옹기 작업장에서 일하는 분들 끼니를 챙겨야 하는 바쁜 삶인데도, 더구나 빠듯한 살림인데도 도망치듯 내려온 나를 언제나 온 마음을 다해 친구로 맞아 주었다. 지갑에 통틀어 만 원이 있으면 거침없이 만 원을 나를 위해 써버리는 언니의 넉넉한 진심을 아직도 잊을 수가 없다. 텅 빈 지갑 걱정을 하는 내게 언니는 없으면 또 없는 대로 살아지는 게 삶이라고 별스럽지 않게 말했다.

세상의 고민거리를 나 혼자 다 짊어진 듯, 사춘기를 그제서야 혹독하게 치르기라도 하듯 이십 대를 어렵게 보내던 시절, 그때는 어쩐지 가족에게는 기대고 싶지 않았던 것 같다. 어쩌면 가족보다는 가족이 아닌 다른 누군가가 더 위안이 되는 그런 종류의 고민과 상처이기에 그러지 않았을까. 분명 가족에게는 말할 수 없는 아픔이나 고민 같은 것도 있으니까.

봉희 언니네 흙집이 있는 마당으로 내려갈 때마다 여름을 빼고는 내가 머물 방에 불을 때야 했는데, 그때마다 우리는 아궁이 앞에 나란히 앉았다. 아궁이 앞에서는 무슨 이야기라도 괜찮았고, 아무 이야기를 하지 않고 타닥 타 타닥 소리만 들리는 침묵의 시간이어도 괜찮았다. 빨간 불길을 품고 있는 아궁이에 앞에서는 모든 게 괜찮았고 다 좋았다. 아궁이 앞에 앉기까지의 모든 수고로움을 귀찮아하지 않고 기꺼이 마련해준 봉희 언니 덕분에 가능한 시간이었다.

사부작사부작 연기와 온기를 뿜어내던 아궁이의 아늑함과 포근함을 여전히 잊지 못하는 지금, 나는 아궁이 프로젝트를 꿈꾼다. 언젠가 마당 있는 집에 살게 된다면 반드시 아궁이를 만들겠다는 소박한 꿈이다. 그리하여 아궁이의 위안을 믿는 누군가가 찾아온다면 그 옛날의 봉희 언니처럼 아궁이 앞에 그와 함께 나란히 앉아보겠다는 꿈 말이다.

── 이 그림책
제목이 뭐야?

_벚꽃

오랫동안 함께 해온 책벗이 사진 한 장과 함께 메시지를 보내왔다.

제님은 알 것 같은데. 이 그림책 제목이 뭘까?

한 장의 사진은 아스라한 수묵화로 더없이 간결한데 묘하게 가슴 속을 쏘옥 파고들었다. 정갈하고 단아한 스님의 방을 연상시키는 듯한 고요함 때문이었을까.
방 안에 달랑 하나 놓인 앉은뱅이책상 앞에 앉은 곰이 무슨 일인가를 하는데, 책상 위에는 알 수 없는 내용물이 담긴 하얀 대접 하나와 사각 접시가 놓여 있다. 그 뒤로는 자그마한 창이 있는 방 안 풍경이다. 한 줄 글조차 없는 장면이다.

아, 이 그림 분명 본 것 같은데….

떠오를 듯 말 듯 손에 잡힐 듯 말 듯, 잠깐 사이에 나는 애간장이 녹을 지경이었다. 수묵화 느낌이 나는 온갖 그림책을 머릿속으로 스캔해 나갔다.

그러니까, 그림책 속의 그림 하나로 무슨 책인지 알아내라는 것이렷다. 이건 좀 너무하잖아.

조금이라도 실마리를 얻고자 어찌 된 사연인지 책벗에게 알려달라고 했다.

여행지에서 들른 특별한 도서관에서 그림책 한 권을 막 펼치다 중요한 전화를 받고 급히 나왔는데, 나중에 보니 휴대폰에 사진 한 장만 남아 있었다고 했다. 제목도 표지도 주인공도, 대략의 이야기도 아무것도 생각이 나지 않았고, 그렇지만 꼭 찾아내어 천천히 다시 읽고 싶은 마음만은 간절하다고 했다.

책벗은 그런 책을 왜 찾고 싶어 할까?

얼핏이겠지만 표지와 제목에 이끌려 책을 펼쳤을 테고, 급하게 찍은 사진이라지만 분명 마음이 좋아서 순간적으로 한 일일터. 어떤 책인지 나도 몹시 궁금해졌다.

책에 대한 어떤 실마리의 소득도 얻지 못한 채 나는 또 애간장을 태우며 그림책 찾기에 몰두했다.

그렇게 보름이 지났을 무렵 곰곰 생각했다. 재미난 수수께끼로 비밀처럼 남겨 두자고. 그러다 어느 날 기적처럼, 행복한 우연으로 그 책을 만나는 기쁨을 만끽해 보자고.

그렇게 생각하니 마음이 한결 편해졌고 오히려 재미난 비밀 하나가 생겨 기적처럼 찾아올 우연을 품게 되었다.

시간이 흐를수록 그 책에 대한 생각은 옅어져 갔다.

그림책을 볼 때마다 저 멀리서 들려오는 아슴푸레한 기적만을 남긴 채. 몇 달이 흐르자 그림도 어떤 풍경인지 잘 떠오르지 않았고 그 사이 휴대폰까지 고장 나서 선배가 보내준 사진조차 사라졌다.

일 년이 흐르자 그런 일이 있었지 정도로만 가끔 생각났다.

그럼에도 언젠가 반드시 찾아오고야 말 우연까지 포기한 적은 없었다.

세상이 온통 연둣빛으로 물들어가기 시작하는 4월의 어느 날 새벽이었다. 아침을 준비하기에는 좀 이른 시간이라 식탁 위에 놓아둔 그림책을 펼쳤다. 너무 오래전에 읽어서 '좋았다'라는 감정만 아슴푸레 남아 있던, 가끔씩 펼쳐보면 좋을 책으로 기억하고 있던 책이었다.

차향을 음미하듯 한 장 한 장 천천히 읽어나가다 어느 장면에서 온몸이 전율하는 느낌이었다.

'바로 이 그림이야!'

책벗이 오래전에 보낸 그 그림이 매칭되는 순간이었다. 꼭두새벽이지만 예의 같은 거 무시하고 메시지를 보냈다.

- 언니~ 좋은 아침! 옛날에 사진 한 장으로 무슨 그림책인지 물어봤던 그 사진 다시 보내주세요. 지금 책을 보다가 문득 비슷한 느낌의 그림을 발견했거든요.
= 아, 진짜? 문득문득 생각나서 도서관 서가를 얼쩡거리며 책의 자취를 좇았는데, 결국엔 그 책 찾으러 강화도에 한 번 가야 하는데 하고 있었어.

책벗이 꼭두새벽에 보내온 사진 속 그림은 내가 보고 있는 그림책이 맞았다. 가슴이 터질 듯 기쁨이 출렁거렸다. 책벗으로부터 처음 메시지를 받은 건 2019년 12월 8일. 해를 두 번이나 넘겨 2021년 4월 6일 꼭두새벽에 기적처럼 우연이 찾아온 것이다.

오래 기다린 만큼 역시나 기쁨도 컸다. 혼자 덩실덩실 춤이라도 출 것 같은 기분에 취해 있는데 책벗이 메시지를 보냈다.

= 무슨 책이야? 넘 궁금해서.

- 알려줄까요, 말까요?

= 궁금해 죽을 것 같아. 살려 줘~~.

- 그러니깐 거래가 필요한 것 같아요.

= 일본 가마쿠라 가서 멸치 잔뜩 얹은 밥 사줄게.

- 멸치덮밥 좋긴 한데, 왜 하필 멸치덮밥이에요?

= 곰이 멸치덮밥하려고 멸치 다듬는 그림 아니야?

- 멸치가 아니랍니다.

= 아무튼, 오늘 큰 선물 받은 느낌. 잘 찾아줘서 고마워. 옆에 있으면 머리를 쓰담쓰담 해주고 싶구만. 찾아낼 만한 이를 잘 섭외한 나한테도 쓰담쓰담. 하하하.

책벗과 나에게 일상 속의 비일상의 큰 기쁨을 안겨준 그림책은 바로 일본 작가 모리야마 미야코의 『오늘 참 예쁜 것을 보았네』이다.

특별할 것 없는 일상 이야기 네 편이 담겼는데, 뭉근하게 풀어지는 따뜻함이 잔잔한 물결처럼 퍼져나가 긴 여운을 드리운다. 슬쩍슬쩍 감질나게 들어간 채색 수묵 그림이 빚어내는 소박함과 담백함 또한 은근하게 좋다.

지금은 마침 벚꽃이 흐드러진 봄밤.

그림책 속의 할아버지가 떠오른다. 으스름달에 목련꽃을 보러 나간 할아버지. 나도 벚꽃을 보러 봄밤 산책을 나섰다. 밤 12시 즈음의 고요한 시간, 봄밤의 미친 풍경이 나를 위해 준비되어 있었다.

다음날 책벗에게 봄밤의 미친 풍경 사진을 보냈다.

- 으스름달에 목련 보러 나간 할아버지처럼 봄밤 벚꽃 산책 다녀왔어요.
= 제님은 어제 참 ~ 예쁜 것을 보았네.
- 그 그림책은 어떠셨어요?
= 아, 당연 좋았지. 요즘 피곤하고 회사 오면 우울하고 그랬는데 오래간만에 즐거운 이벤트였어. 아, 참 그 그림은 멸치가 아니라 완두콩이었어.

그림책 한 권이 행복한 우연을 데려오고, 그것은 또 느슨한 일상에 잔잔한 파문을 일으키는 기쁨의 조약돌이 되었다.

lllllllllllll
오늘 참 예쁜 것을 보았네
모리야마 미야코 저, 타카하시 카즈에 그림, 박영아 역, 북극곰

── 우리집 남자들이
탐내는 식물

_몬스테라

　우리 집 맏이인 친정언니가 새로 이사했다고 동생들을 초대했다. 현관에 들어서자마자 나는 꺄악~ 소리를 질렀다. 벌써 도착한 다른 형제들보다도 내 눈에는 못 보던 식물이 먼저 들어온 것이다.
　앙리 마티스가 사랑하고, 그로부터 영감을 받아 그림을 그리기도 했다는 몬스테라가 아주 근사한 모습으로 자라 있었다.
　오래전부터 마음속으로 나도 몬스테라 들이고 싶다, 정말 들이다 싶다고 간절히 바라고 있었다. 하지만 이사를 앞두고 있기에 더는 식물을 들이지 않기로 마음먹고 가까스로 참아내고 있던 참이었는데 오늘 딱 그 몬스테라와 마주쳤으니, 어쩌랴?
　앉지도 않고 몬스테라 앞으로 바짝 다가서며 질문을 쏟아냈다. 언제, 어떻게 들였는지? 크기가 얼마만 할 때부터 키우기 시작했는지? 몬스테라의 찢잎(커다란 이파리에 군데군데 구멍이 나 있는 몬스테라의 독특한 잎)은 언제부터 나오기 시작했는지? 나만큼 식물을 좋아하는 언니도 잘난 자식을 둔 것마냥 우쭐해 하며 몬스테라 스토리를 풀어놓았다. 몬스테라 앞에서 언니와 나의 긴긴 수다는 끝날 줄을 모르는데, 어느새 큰오빠와 남동생이 옆에 바짝 서서 아주 흥미롭다는 듯이 귀 기울여 듣고 있었다. 이게 그렇게 대단한 식물이냐는 호기심 가득한 눈빛으로. 수다가 거의 끝나갈 무렵 언니가 말했다. 물꽂이 잘 되는 식물이니 어린 줄기 하나 분양해가라고.

언니가 언제쯤 이 말을 하려나, 이제나저제나 얼마나 기다려왔던가. 더는 식물을 들이지 않기로 했다는 굳은 다짐은 햇살에 눈 녹듯 가뭇없이 사라졌다. 식물 앞에선 어떤 결심도 속수무책이 돼버렸다. 그런데 큰오빠도, 남동생도 하나씩 데려가겠다고 나섰다. 전혀 예상치 못한 일에 언니가 난감해했다. 세 사람이나 분양해가면 몬스테라 수형이 미워질 거라며. 식물을 키워본 사람이라면 그 마음 안다. 가지 한 줄기 잘라내는 일도 얼마나 가슴 졸이고 망설여지는 일인데.

"나는 괜찮아. 두 사람 먼저 줘."
"그럼, 제님이는 다음에 가져가."
나는 두 남자에게 그리도 그리던 몬스테라를 흔쾌히 양보했다. 난감한 언니를 위해서라기보다는 식물을 탐하는 두 남자의 마음결에 기쁜 마음이 컸던 것이다. 식물을 탐하는 남자라니!

큰오빠는 평생 모범생다운 공무원으로 정년퇴임을 앞두고 있고, 남동생은 이윤을 최고의 목적으로 하는 사업체를 운영하고 있다. 사는 일에 집중하느라 초록 식물이라곤 안중에도 없을 메마른 감성일 거라 생각했는데, 오빠와 남동생이 식물에 조금이라도 곁을 내어주는 촉촉한 마음을 가졌다는 게 그리 기쁠 수가 없었다. 내가 몬스테라를 가져가는 것보다 더 기쁜 마음이었다. 화기애애한 저녁 시간을 보내고 각자의 집으로 돌아갈 무렵, 두 남자가 내 몬스테라 하면서 잊어버리지 않고 살뜰하게 챙기는 모습에 나는 또 흐뭇해졌다. 몬스테라 앞에서 수다를 떨 때 괜한 욕심에서 한 말이려니 생각했기에 집에 돌아갈 때는 분명 잊어버릴 거라고 생각했으니까. 언니는 나에게도 가장 어린, 이제 겨우 이파리 두 개를 내민 아이를 챙겨주었다.

집에 돌아와서는 가족 단톡방에 작은 유리병에 물꽂이를 한 내 몬스테라 사진과 함께 글을 올렸다. 각자의 몬스테라 인증샷을 올려보라고. 나는 또 걱정이 되었던 것이다.

혹시나 집에 돌아가서는 귀찮은 마음에 몬스테라가 방치되지나 않았을까 하고. 내 걱정이 무색하게 금방 몬스테라 사진

이 올라왔다. 큰오빠는 화분에 심은 몬스테라를, 남동생은 단아한 옹기 항아리에 물꽂이한 몬스테라를. 그제서야 나는 마음이 놓였다.

아, 이제 됐어. 잠깐의 물욕이 아니었어.

그날 이후로 우리는 새롭게 이파리를 내밀 때마다 몬스테라 사진을 올리며 몬스테라의 안부를 묻곤 한다. 나이가 들어갈수록 삶에 심드렁해지고 공감대가 좁혀지는 가족 사이에 싱그런 초록 식물의 안부를 물으며 촉촉하게 소통하는 일은 자잘한 행복을 불러오는 새로운 발견이다.

나 아닌 다른 존재를, 반복되는 일상에 작은 차이를 만드는 초록 식물을 돌보는 두 남자의 마음결이 점점 더 짙은 초록빛으로 물들어가기를.

—— 레오라면 아끼고 아끼는
식물도 기꺼이

_꽃방동사니

어디 간 거지?
한참 레오가 보이지 않는다. 불러도 아무런 기척이 없다.
불안하다.
이런 경우 어디선가 사고를 치고 있음이 분명하다. 이런 예상은 좀 빗나가도 괜찮은데 역시나 큰 사고를 치고 있었다.
내가 아끼고 아끼는 식물을 푹신한 풀방석으로 만들어 낮잠을 즐기고 있었다. 흡사 푸른 초원에서 평화롭게 낮잠을 즐기는 한 마리 아기 표범 같았다.
어떻게 들인 식물인데. 얼마나 애지중지 돌봐온 식물인데.

아주 오래전, 족히 10년도 더 되었을 거다. 살랑 부는 한 줄기 바람에 살랑 흔들리는 풀밭 같은, 그러니까 자연스러운 들판

한 조각을 집에 들이고 싶었다. 그러자면 우선 오랜 세월을 품은 화분이 필요했다. 그런 화분을 찾기 위해 민속품을 파는 골동품 가게에 가서 맞춤한 옹기를 샀다. 두 팔 크게 벌린 한 아름보다도 더 넓은 옹기. 물론 혼자 들 수도 없을 만큼 무거워 남편까지 대동하고 나섰다. 그러고는 야생화 농장에 가서 풀밭 분위기를 내는 꽃방동사니를 가득 심었다. 마음이 흡족해졌다. 비록 한 아름 정도의 풀밭이지만, 내 눈에는 초록이 넘실거리는 널따란 초원이었다. 해오라비사초라고도 불리는 꽃방동사니는 어른 무릎 높이까지 가느다랗게 자라는데 그냥 길가의 흔하디흔한 풀나부랭이 같다. 그런데 꽃대가 올라오면 상황이 달라진다. 길쭉한 꽃대 잎 아랫부분이 하얗게 변해 꽃처럼 보이는데 그게 그렇게 우아하고 멋스러울 수가 없다. 언뜻 보면 하얀 날개를 펼친 학이 초원에 서 있는 모습이다.

그런데 지금 레오가 아름다운 나의 초원을 납작한 풀방석으로 만들어버린 것이다. 내 몸과 마음이 시들 때마다 넘실대는 초록과 평온을 내어주던 나만의 초원을 망가뜨린 것이다. 그런데 참으로 이상하다. 엄청나게 화가 날 일인데, 화가 나지 않았다. 심지어 별로 속상하지도 않았다. 오히려 한 조각 풀밭 위에 낮잠을 즐기는 레오가 있어 더 자연스럽고 평화로운 초원이 완성되었다.

어쩐지 꼭 있어야 할 곳에 레오가 있는 것이 마땅하기까지 했다. 그 아름다운 모습을 오래 간직하기 위해 나는 카메라를 들었다.

레오가 우리 집에 오고 나서 나는 참 많이도 달라졌다. 고양이 털 한 올만 옷에 묻어도 기겁을 하며 떼어내고, 고양이는 만질 엄두도 못 내고, 고양이가 있는 집에서는 물 한 모금도 마시는 걸 꺼리는 까칠이였다. 아기고양이와 입 맞추는 사람을 보고는 나와는 다른 세계에 사는 사람이라고 경계를 지어 생각했다. 지금의 나는 다른 세계의 사람이 되어 레오와 수시로 입을 맞추고 있다. 자성이 아주 강한 자석처럼 스르르 그렇게 입을 맞추고 만다.

다양한 눈빛과 상황에 따라 각기 다른 목소리 톤과 수십 가지 행동과 표정들, 모두 다 사랑스럽다. 그러면서 깨닫게 된 사실이 하나 있다. 사랑이 시작된 고양이를 더 잘 사랑하기 위해서는 많은 걸 포기해야 한다는 것.

마루의 단아함을 즐기고 무척이나 중요하게 생각하는데, 단아함은커녕 어수선한 마루가 되고 말았다. 밥그릇과 물그릇, 레오의 베란다 감상용 의자는 물론 숨바꼭질 좋아하는 레오를 위해 마루 곳곳에 상자가 놓여 있다. 수시로 신선한 물을 대령하고 사료를 챙기고 놀아주는 일. 사람이 쓰는 화장실은 건너

뗄지언정 레오의 화장실은 수시로 확인하며 감자를 캐고 모래 뭉치를 걷어내는 일. 모두 다 예전의 나라면 상상조차 할 수 없는데, 이제는 나의 중요한 일상이 되었다. 레오는 나의 몸뿐 아니라 마음까지도 송두리째 빼앗았다. 외출할 때마다 나를 바라보는 눈빛이 애처로워 엘리베이터 문이 열려도 현관문을 쉬이 닫지 못하고, 밖에 있는 시간이 길어지면 혼자 있을 레오 생각에 마음은 또 어찌나 짠해지는지.

고양이를 많이 알면 알수록 사랑이 짙어진다는 것도 새롭게 깨달아가는 중이다. 레오에 대한 세부사항이 고양이털만큼이나 많이 떠오르는데 한 올 한 올 모두 사랑이고 애처로움이다.

야생성이 강한 뱅갈 고양이라 다소 까칠한 레오와 까칠함이라면 결코 지지 않는 내가 만나 어떻게 그럴 수 있을까? 합리적으로는 도저히 설명이 불가능한 일이다. 고양이라는 존재 자체가 빚어내는 마법이라고밖에는 이해할 수가 없다. 일상에서 가장 아끼는 것들을 레오 때문에 기꺼이 포기하는 까칠한 내 마음을 어떻게 설명할 수 있단 말인가?

외출했다가 집에 돌아올 때면 레오가 좋아하는 보드라운 바랭이풀 새순과 제비꽃을 뜯기 위해 풀밭을 서성이는 나는 또 어떻고? 오도독 오도독 홀로 밥 먹는 레오 뒷모습에 동생을 들이고 싶다는 발칙한 생각까지 하게 되는데. 이쯤 되면 드디어 나도 고양이 세계에 접속하게 된 걸까?

채식 지향 우리 레오가 좋아하는 육식 중에 나방이 있다. 더운 여름이면 수납장 어디엔가 말린 나물에서 깨어나 날아다니는 나방을 사냥하는 걸 좋아한다. 그런 레오를 위해 부엌에서 나방을 발견하면 나는 레오를 부른다. 레오는 내 목소리 톤으로 나방을 발견했다는 걸 알아차리고 예의 아주 흥분된 소리를 내며 부리나케 달려온다. 겨우 나방 한 마리 사냥해 먹은 레오는 기분이 좋아져 내 품으로 안겨 들어와 세상 행복한 가르릉 소리를 내며 꾹꾹이를 해준다. 내 폭신한 배 위에서. 레오도 나도 이 세상에 존재하지 않을 것 같은 둘만의 시간 속으로 깊숙이 미끄러져 들어간다.

아 참, 레오가 풀방석으로 만들어버린 꽃방동사니는 여러해살이풀이라 깔끔하게 이발을 해주고 나니, 일부는 죽고 일부는 다시 새순을 올렸다. 올해는 꽃방동사니 몇 줄기 우아한 꽃을 볼 수도 있을 것 같다.

―― 고양이에게 찾아온
다정한 꽃

_민들레

  일주일에 한 번씩 우리 동네 작은도서관에서 일한다. 그날 하루는 도서관 업무를 오롯이 혼자서 책임지는 셈이다. 여러 일 중에 마음을 쏟는 일이 한 가지 있다.
  도서관 앞에 오는 길고양이들 사료와 물을 챙기는 것.
  그런데 그 장소가 바로 짧은 처마 아래라는 사실에 마음이 조금 불편하다.
  볕 좋은 날이면 일광욕하기에 더없이 좋지만 날씨가 궂은 날이면 비가 들이쳐서 사료가 푹 젖어버린다. 바람이라도 부는 날이면 밥그릇에 나뭇잎이 수북하다. 비를 피하기 위해 벽에 딱 달라붙어 그래도 맛있다고 오도독오도독 사료를 씹는데 그 소리는 추적추적 빗소리와 섞여 마음이 곧 애잔해지고 만다.
  그러던 어느 햇살 좋은 날이다.

사료를 가지고 갔더니 삭막한 그곳에 노오란 민들레 한 송이가 피어나 환하게 밝히고 있었다. 길고양이 사료 그릇을 민들레 옆으로 뽀짝뽀짝 옮기고는 나도 쪼그려 앉았다.

민들레야, 우연이라지만 너무도 아름답구나.
너도 분명 길고양이의 쓸쓸한 모습을 본 거지?
그래서 일부러 여기에 꽃을 피운 거지?
혹시 강아지똥으로 피어난 민들레인 거니?

다음번엔 어떤 꽃씨가 날아들까?
우연이라지만 자연이 하는 일은 이렇게도 따뜻하게 아름답다.

─── 마음 무너뜨리기에 충분한
은빛의 선물

_마오리 코로키아

결혼을 하고부터 1년에 두 번, 그러니까 생일과 결혼기념일에 선물과 꽃과 조금 긴 편지를 받았던 것 같다(어쩐지 확신보다는 가물가물형 어미로 쓰고 싶다). 나는 남편에게, 남편은 나에게. 어느 정도 시간이 지나자 긴 편지는 점점 짧아지다가 슬쩍 카드가 되었고 꽃은 보란 듯이 자취를 감추었고 선물은 은근하게 약소해졌다. 조금 더 긴 시간이 흐른 후에는 초간단 카드마저 생략되고 더 이상 받을 선물이 없다며 선물의 자리에 자취를 감추었던 꽃이 돌아왔다.

아무것도 없으면 정말 이상할 것 같으니까. 더 이상 받을 선물이 없었던 건지는 지금 생각해도 잘 모르겠다. 시간이 지나면 꽃이 시드는 게 당연지사이듯, 꽃을 받는 일도 시들해져 꽃 대신 자그마한 식물을 해달라고 했다. 그런데 한 가지 문제가 생겼다. 남편이 데려온 식물은 내 마음에 흡족하지 않았다. 식물에도 취향이 있는 법이니까. 아니, 취향 정도가 아니라 내 몸에 걸치는 옷만큼이나 나에게는 중요한 일이었다. 그렇다고 생명이 있는 식물을 버릴 수는 없으니 그냥저냥 돌봄의 시간을 보냈다.

자꾸 늘어가는 식물을 보며 어느 날은 이사가 걱정되었다. 당장 이사를 앞둔 건 아니었지만, 언제 갈지 모를 이사를 위해 슬슬 준비하고자 하는 마음이었던 거다. 심각한 고민 끝에 더는 식물을 들이지 않기로 혼자 굳게 다짐하면서 남편에게 식물 선물마저 그만두라고 했다. 지금까지 기념일 선물로 살펴본 나의 결혼 21년사 이야기다.

우리는 두어 번 식물 선물 없이, 그러니까 정말 아무런 선물 없이 기념일을 보냈다. 그러던 어느 생일날 아침, 식탁에 화분이 놓여 있었다. 사라졌던 생일 선물이 돌아온 것이다. 마지막 선물의 형태인 식물로. 나는 흠뻑, 아주 흠뻑 그 식물에 빠지고 말았다. 이렇게 내 마음에 쏘옥 드는 식물은 처음 만난 듯했다. 남편이 다시 보였다. 남편에 대해 다시 생각해 보게 되었다. 시들었던 사랑이 다시 싹틀 것도 같았다. 역시 남편은 나의 취향을 정확하게 알고 있을 만큼 나를 사랑하고 있었던 걸까?

나를 점점 이상한 사람이 되게 하는 마법의 식물은 낯설면서도 신비로운 이름, '마오리 코로키아'라 했다. 그런데 꽤 까다로운 식물 취향의 나를 단번에 반하게 만든 묘한 아름다움도 아름다움이지만, 이 식물은 한눈에 딱 봐도 예민, 민감 덩어리임이 온몸으로 전해졌다. 이 일을 어쩐다지? 덜컥 두려움이 앞섰다. 좋아하는 만큼 두려움도 컸다. 이미 많은 식물을 돌봐왔지만 나에게 너무도 낯선 마오리 코로키아에 대해 검색을 시작했다.

  뉴질랜드산 야생 관엽성 식물.

  그러니까 물 건너온 아이란 말이지. 그리고 알아낸 또 하나의 사실, 마오리 코로키아는 요즘 식물집사들에게 인기 있는 아주 핫한 식물이란다.

  그럼 그렇지? 남편이 내 취향을 알아서 거기에 딱 맞는 식물을 고른 게 아니었어. 꽃집에서 요즘 핫한 거라며 추천해준 게 틀림없어. 그건 그렇고 어쨌든 요 녀석 마오리 코로키아는 마음에 쏘옥 든단 말이지.

  내가 가장 많이 머무르는 공간, 거기서도 내 시선이 가장 쉽게 닿는 곳에 이 녀석을 두고 하염없이 바라보고 바라보았다. 마오리 코로키아는 우리 집에서 어떤 사람, 어떤 식물, 어떤 사물보다도 내 따뜻한 눈길을 가장 많이 받았다.

  도대체 마오리 코로키아의 어떤 매력이 나를 사로잡은 걸까?

  우선 목대는 칠흑 같은 깜깜한 밤처럼 검은빛이고 이제 막 새로 돋아난 줄기는 바다낚시로 잡아 올린 싱싱한 갈치의 은빛인데 시간이 갈수록 점점 검은 빛으로 변해간다. 이파리는 모양도 크기도 감 씨 안에 숨겨진 아주 작은 새순을 닮았다.

어렸을 때 감을 먹고 난 후 감 씨앗을 쪼개면 두 갈래로 갈라지는데 그 안에 꼭 티스푼 모양의 새순이 잠들어 있다. 그렇게 티스푼처럼 생긴 자그마한 이파리는 앞면은 초록빛인데 뒷면은 은빛이었다. 뒤에 은빛을 숨겨두고 바람이 불 때마다 파샤샤 파샤샤 펄럭이며 멀리서 바라볼 때에 은빛 뒷모습을 살포시 보여주는 은사시나무의 이파리를 똑 닮았다.

아, 내가 좋아하는 나무들, 자작나무, 미루나무, 은사시나무, 올리브나무, 유칼립투스의 느낌을 모두 품고 있었다.

그해 겨우내, 나는 내가 좋아하는 공간에서, 내가 편안하게 느끼는 자리에 앉아 고요하고 먼 곳의 말을 품은 책을 읽다가 고개를 들면 눈 안에 들어오는 마오리 코로키아와 사랑에 빠졌다. 깜깜한 밤의 검은빛에 드리운 그늘도 보이고, 바람이라곤 없는데 파샤샤 파샤샤 이파리가 팔랑이는 소리도 들릴 듯 말 듯, 그때마다 은근슬쩍 은빛이 보일 듯 말 듯. 매일매일 이름을 외우기 위해 읊조려 봤지만 나이 탓인지 실패를 거듭하고, 마침내 거의 이름을 완벽하게 알아갈 무렵 마오리 코로키아는 영원히 떠나가고 말았다.

오호통재라!

마오리 코로키아와의 사랑놀음에 두 달쯤 접어들었을 때 뭔가 이상한 기척을 느꼈다. 예감이 좋지 않았다. 이 녀석을 데려온 화원을 알아보고 응급실 찾아가는 심정으로 마오리 코로키아를 데리고 달려갔다. 어떻게든 살려야 되다는 일념으로 기운을 차릴 때까지 맡아달라고 부탁했다. 주인은 탐탁지 않아 했으나 한 번 해보겠다고 했다. 의사에게 환자를 맡겨 놓은 듯 안심이 되었다. 그러나 결국은 그렇게 되고 말았다.

오호통재라!

고혹적인 아름다움으로 내 공간에 있던 동안 사진으로나마 많이 담아 두어 그나마 다행이었다. 그리고 이렇게 마오리 코로키아를 추억하는 글로 담아내는 지금, 마음 한 편의 응어리가 뭉근하게 풀어지는 듯하다. 더는 식물을 들이지 말자고 굳게 다짐했지만, 마오리 코로키아는 데려올 생각이다. 이번에는 웬지 잘 할 수 있을 것 같다.

그리고 남편들이여, 아내의 마음을 붙잡고 싶거들랑 마오리 코로키아를 선물해라.

마오리 코로키아는 내 취향만의 식물이 아니라 누구의 마음도 사로잡는 완벽하게 매혹적인 식물임에 틀림이 없으니까.

―― 어수선한 마음 다스리는
꽃씨 여행

_꽃씨 프로젝트

 어쩐 일인지 마음이 어수선한 날, 일이 손에 잡히지 않아 할머니 쌈짓돈처럼 여기저기 꿍쳐두었던 꽃씨들을 꺼낸다.
 가을날, 나들이때마다 골목길이나 길가 모퉁이에서 데려온 꽃씨들. 오래 보관하기 위해 햇볕에 바짝 마르라고 여기저기 펼쳐두고는 제때제때 갈무리를 못 하고 있다가 이제서야 차분히 들여다본다.
 꽃씨들이 떠나온 공간이 그려지고, 꽃이었을 때의 색감이 따라온다. 꽃이 활짝 피었을 때 그 장소를 기억했다가 꽃씨를 얻으러 다시 찾아갔으니 가능한 일이다.
 서울 양평동 주택가를 헤매다 어느 가겟집 앞에서 슬쩍한 패랭이꽃 씨앗, 연남동 경의선 책거리를 걷다가 수확한 배롱나무 열매. 작고 동글동글한 생김새가 귀여워서 데려온 유일한 나무 열매다. 개발되지 않아 골목길이 살아있는 원도심 주택가 담벼락에서 데려온 분꽃 씨앗. 이 동네는 우리 집에서 20여 분 거리, 가끔씩 찾아가 골목길을 어슬렁어슬렁 남의 집 마당을 기웃기웃, 그렇게 혼자 놀다 돌아오곤 한다.

 탱자나무와 감나무와 해바라기, 분꽃과 채송화, 과꽃 등 수수한 꽃들, 상추와 깻잎, 고추, 대파 같은 여러 푸성귀들을 만날 수 있는 곳. 혼자 걷는데 전혀 심심하지 않다. 심심할 틈이 없다. 화려한 도심을 살짝 비켜서 있는 이곳은 시골집의 뒤란처럼 아늑한 게 소란스럽던 마음도, 답답했던 가슴도 뭉근하게 풀어지고 만다. 담장 너머 긴 팔로 너울너울 인사하는 옥수수를 뒤로하고 골목길을 돌아 나오면 나의 비밀 나무라 부르는 귀한 백합나무 한 그루가 저만치 서 있다.

 음, 나팔꽃 씨앗은 어디서 왔더라?

 맞아, 맞아.

한때 코로나 발열체크 아르바이트를 했던 초등학교 들어가는 빌라 울타리에 발맘발맘 기어오르던 청보라색 나팔꽃. 다양한 나팔꽃 중에서도 나는 조그마한 종 모양의 청보라색 나팔꽃이 제일 좋다. 접시꽃 씨앗은 산책길에서 만난 한적한 시골집 대문 앞에서 어렵게 데려왔다. 사나운 개가 어찌나 무섭게 짖어대던지. 그림책 『넉 점 반』에 나오는 바로 그 빛깔의 진홍색 접시꽃이라 포기할 수 없었다.

가게에 가면 온갖 종류의 꽃씨가 넘치도록 많겠지만, 내가 갈무리한 이 꽃씨들은 고유한 특별함이 있다. 이야기를 품고 있고 있으니까. 도란도란 따듯하게.

이제 곧 이 아이들은 마당 있는 누군가의 집으로 여행을 떠나보낼 예정이다. 꽃씨 선물이랄까? 벌써 비행기를 타고 먼 여행을 떠난 아이들도 있다. 그리하여 내년 봄쯤엔 『넉 점 반』이나 『오소리네 집 꽃밭』 같은 꽃밭을 상상하며 혼자 행복해하는 시간. 이름하여 나의 '꽃씨 프로젝트'다.

가을이면 이야기를 담은 꽃씨를 마당 있는 누군가에게 선물하는 일. 과꽃, 분꽃, 채송화, 봉숭아, 나팔꽃, 접시꽃 등이 앞서거니 뒤서거니 올망졸망 피어날 마당을 그려본다. 언젠가 생길 나의 마당이어도 좋고 누군가의 마당이어도 좋다.

박완서 선생님이 아치울의 시골 마을로 이사가서 가장 먼저 한 일도 분꽃, 과꽃, 봉숭아, 백일홍, 꽈리, 옥잠화 따위 유년의 뜰의 촌스러운 화초를 심는 일이었다고 한다. 촌스러운 화초라지만 결코 지는 법이 없이 힘이 센 촌스러움이다.

꽃씨 프로젝트는 내년에도 그다음 해에도 쭉 이어질 예정이다. 꽃씨와 관련하여 멋진 그림책 두 권이 지금 막 떠올랐다. 『리디아의 정원』과 『미스 럼피우스』. 가끔씩 떠올리면 행복해지는 그림책이다.

|||||||||||||

넉 점 반
윤석중 글, 이영경 그림, 창비

오소리네 집 꽃밭
권정생 글, 정승각 그림, 길벗어린이

리디아의 정원
사라 스튜어트 글, 데이비드 스몰 그림, 이복희 역, 시공주니어

미스 럼피우스
바버러 쿠니 글·그림, 우미경 역, 시공주니어

단풍잎 줍는
할머니의 마음

_중국단풍나무

중국단풍나무와 느티나무, 벚나무, 은행나무가 곱게 물들었다. 중국단풍나무와 벚나무는 붉게, 은행나무와 느티나무는 노랗게. 잠깐 산책을 나간다.

자연이 내어주는 아름다운 선물에 마음이 순해진다.
선해지는 것도 같다.
스사악 스사악. 발끝에 스치는 알록달록 이파리들. 막 떨어진 진홍빛 중국단풍 하나를 손에 올린다. 색이 유난히 곱다.
아직은 수분이 많아 맨들맨들한 표면을 만지작만지작 하며 걷는데, 몇 걸음 앞서 할머니 한 분이 걷고 있다.

앗, 뒷짐 진 할머니 손에 나뭇잎이 한가득이다.
살포시 들여다보니
은행나무, 느티나무, 담쟁이덩굴 이파리들이다.
왠지 모르게 울컥하기도 하고 너무 아름다운 모습에
할머니께 바짝 다가선다.

할머니, 나뭇잎 뭐 하시게요?
- 이뻐서 그냥.
할머니 저도 이것 주웠어요.
- 하이고 이쁘다. 어디서 이렇게 이쁜걸?
이거 할머니 하세요.
- 고마우이.
할머니 연세가 어떻게 되세요?
- 여든셋.
우리 친정어머니 연세랑 비슷하네요.

힘이 없어 느릿느릿 걷는 할머니 보폭에 맞춰 걷는다.
할머니가 나지막하게 중얼거린다.

- 사람이나 나무나 때가 되면 낙엽이 되어 떨어지지.

들어오는 길에 중국단풍잎 두 장을 데려와 부엌 창가에 건다.

── 종소리가
　듣고 싶은 날

　마음이 더없이 가라앉거나 유난히 시끄러운 날이면 오래전에 다녀온 강화의 온수성당을 떠올린다. 백 년이라는 세월의 더께만큼 깊어졌을 그곳의 경건함과 고즈넉함, 그리고 한옥이라는 건축 양식이 품고 있는 아늑함에 마음은 이내 뭉근해지곤 하는데, 신기하게도 한 번도 들어본 적 없는 종소리도 함께 들리는 것이다. 그러면 나는 어김없이 하늘이 붉게 물들어가는 저물녘에 서 있다.
　감자 수확을 끝낸 가난한 부부가 손을 모으고 기도하는, 저 유명한 프랑스 화가 밀레의 〈만종〉이라는 풍경 속에 들어가 있는 것이다.
　그러니까 낮도 아니고 밤도 아닌 어스름의 모호함으로 가득한 파란 시간, 여섯 시가 되면 마음에서 울리는 종소리로 종종

숨어들곤 한다.

 사실 온수성당을 다녀온 후로 나는 종소리 열병을 앓아왔다. 그곳에서는 하루에 세 번(새벽 6시, 정오, 저녁 6시) 매일 종이 울린다는데, 시간이 맞지 않아 듣지 못하고 온 게 그렇게 서운할 수가 없었다. 다시 한번 꼭 가보리라 다짐했지만 먼 거리가 아님에도 그깟 시간 한 번 내지 못하는 일상을 살고 있었으니. 마침내 벼르고 별러 '종소리 듣기'를 목적으로 강화로 떠났다.
 여기저기서 매화꽃 소식이 들려오는 3월이지만, 겨울이 걸쳐놓은 꼬리를 아직 거둬들이지 않은 탓에 날씨까지 흐려 온수성당의 다섯 시는 쓸쓸함과 시린 고요가 자욱했다.
 니트 목도리의 포근함에 기대어 백여 년의 세월을 견뎌온 한옥 성당의 나무 기둥을 찬찬히 읽어보는데 가만가만한 발자국 소리가 들렸다.
 돌아다보니 종이 있는 솟을대문에 할아버지 한 분이 막 의자를 꺼내 앉았다.
 아, 종을 치는 분이구나.
 시계를 보니 5시 55분이다. 할아버지는 휴대폰을 자꾸만 들여다보더니, 아마도 알람인 듯한 전화벨이 울리자 의자를 접고 일어나 종을 치기 시작했다.

고즈넉한 공기를 가르고 종소리가 멀리멀리 퍼져나갔다.

집 밖을 서성이던 아이들은 앗, 벌써 여섯 시야 하면서 집으로 향하는 발걸음을 서두를 테고, 멀리 떠나 있던 새들도 둥지로 사뿐 날아들겠지. 오늘 일을 미처 끝내지 못한 이들은 들녘에서, 가게에서 혹은 각자의 일터에서 일손을 서두를 테고, 부엌에서는 저녁밥 지을 채비로 덜거덕거리는 소리가 부엌 창을 넘을 것이다.

힘든 하루를 보낸 누군가는 별것 아닌 종소리에 축 처진 마음을 포옥 감싸는 듯한 따뜻한 위로를 받지 않을까?

오늘도 별일 없음에 소박한 감사의 기도를 드리는 이도 분명 있을 것이다.

백여 년 넘게 종소리를 들어온 이 온수리 마을의 나무들과 땅속의 온갖 생명들도 종소리를 알아들을 테지.

제주의 삼성혈 중의 하나인 고(高)씨 성이라는 고상만 할아버지. 올해 일흔셋인 할아버지는 이곳 온수 마을에서 나고 자라 이십 년 동안 종지기를 해왔다고 한다. 어릴 때부터 종소리를 들으며 자랐으니 평생을 종소리와 함께한 셈이다.

요즘은 몸이 안 좋아져 종지기를 그만두려 하는데, 후임자가 없어 큰일이란다.

종소리를 위해 되도록 먼 거리에 약속을 잡지 않고, 식사 약속이 있더라도 도중에 나와 종을 치고 다시 간다고 한다. 비바람이 몰아치는 궂은날이나 눈이 쌓여 발목이 푹푹 빠지는 날에도, 귀가 빨개지도록 추운 날이나 숨이 턱턱 막히는 더운 날에도 빠짐없이 하루에 세 번씩 이십 년 세월을!

세 번, 세 번, 세 번, 아홉 번, 모두 합해 열여덟 번을 치고 다리가 좀 불편한 듯 절뚝절뚝 걸음으로 성당 마당을 걸어 나가는 할아버지를, 살짝이 구부정한 할아버지의 등을 오래오래 바라보았다.

멀어져가는 할아버지 뒷모습에서 종소리를 듣게 될 모든 생명들의 복된 안녕을 비는 간절한 기도가 잔잔히 전해져왔다.

깊은 산속 옹달샘 같은 맑고 은은한 종소리만을 위해서 달려왔는데, 미처 생각지도 못했던 사람을 만났다.

종소리 이전에 사람이 있었다.

모든 일이 그러하듯. 마땅히 그래야 하듯.

할아버지, 종지기를 마치는 그날까지 부디 건강하시기를.

에필로그

고양이를 닮아가려나?

고양이처럼 창밖을 오래 내려다보고 있었다.
골똘히 생각에 잠긴 것도 같고 멍 때리는 것도 같고.
나도 잘 모르는 시간이 흘러간다.

잠깐 밖에 다녀온 딸이 불쑥 꽃다발을 내밀었다.
아니 정확히는 집게손가락과 엄지손가락으로
지그시 누르고 있는 풀꽃다발이었다.

"엄마가 좋아하는 꽃마리도 있다~."
(딸이 꽃다발을 건넬 때마다 하는 말이다.)

딸은 내 표정을 살피며 목을 끌어안더니
곧 자기 방으로 들어갔다.

다시 혼자가 된 나는 이제 내 손가락 사이로 옮겨온
풀꽃다발을 물끄러미 바라보았다.
벌써 내 마음 어딘가가 뭉근하게 풀린 기분이다.

연한 하늘색의 꽃마리, 하얀 별꽃 닮은 벼룩아재비,
노란 씀바귀, 보라색 지칭개.
벼룩아재비는 꽃망울이 통통하게 부풀어 올랐고
예민한 씀바귀는 놀랐는지 꽃잎을 다물어버렸다.
손끝으로 느껴지는 풀줄기가 어찌나 보드라운지.

여리디여린 이 풀꽃다발을 어쩐다지?
화병에 꽂을 수도 없고.

아, 좋은 수가 생각났다.

바닷물에 발을 담그듯,
딸이 일곱 살 때 빚은 도자기 접시에 물을 담아
풀다발을 눕히고
끝쪽만 물에 잠기도록 조약돌로 살포시 눌러놓았다.

얼마쯤 시간이 흘렀을까.
시들하게 누워있던 풀꽃들이 싱싱하게 살아나
꼿꼿하게 일어서 있는 게 아닌가!
부엌 창틀에 놓아두고 시시때때로 들여다보며
혼자 가만히 웃는다.

세상에서 가장 작은 꽃다발이지만
가장 아름다운 꽃다발이다.

고3 딸은 오프라인 개학을 앞두고
밀린 온라인 수업을 듣느라 정신없이 바쁜 중이었다.
더군다나 중간고사를 앞두고 있고.
그런 와중에 풀밭에 쪼그려 앉아 풀꽃다발을 만들어 온 것.

그 마음 때문에 나는 더욱 울컥하고 만다.
다정하고 따듯한 빛깔의 슬픔이다.

엄마의 말수가 적어지고
창밖을 바라보는 시간이 길어질 때면 딸은
무슨 일 있냐고 묻지 않는다.
뜬금없이 다가와
그저 두 팔로 안아주곤 사라진다.

평소보다 자주.

딸이 엄마를 위로하는 방식이다.
썩 마음에 든다.

풀꽃다발과 그저 두 팔로 안아주기.

최소의 방법으로도
누군가의 마음을 구해낼 수 있는 것이다.

위로란 그런 것이다.

마음을 내 쪽이 아니라
상대의 마음에 두어야 가능한
다정하고도 깊은 것이다.

풀꽃다발은 한 조각 우주 안에서
다채로운 생명 활동을 펼치고 있다.

지칭개는 보랏빛이 짙어졌고,
벼룩아재비는 꽃망울 하나를 터뜨렸고,
꽃마리는 물 위에 하늘색 꽃잎을 통째 떨구었다.

예민한 씀바귀는 꽃잎을 열락 말락.
고민 중인가 보다.

겨우 존재하는 아름다운 것들

초판1쇄 인쇄 2021년 11월 25일
초판1쇄 발행 2021년 12월 5일

글/사진   제님
펴낸이   유상원
펴낸곳   헤르츠나인(상상+모색)
디자인   이정아

등록일   2010년 11월 5일
등록번호   상상+모색 제313-2010-322호
주 소   경기도 고양시 일산동구 탄중로344 태영 601동 401호
전 화   070-7519-2939
팩 스   02-6919-2939
이메일   hertz9books@gmail.com
ISBN   979-11 86963-49-4 03810

copyright ⓒ 2021, 제님
저자와의 협의 아래 인지를 생략합니다. 파본은 구입하신 서점이나 본사에서 교환해드립니다.
책값은 뒤표지에 있습니다.
본 책은 저작권법에 의해 보호를 받는 저작물이므로 무단 전재와 복제를 금합니다.

헤르츠나인은 상상+모색의 출판브랜드입니다.